SAÚDE PÚBLICA EM PORTUGAL

DO SÉCULO XIX AO NOVO *MILLENNIUM* ATÉ AO FUTURO

SAÚDE PÚBLICA EM PORTUGAL

DO SÉCULO XIX AO NOVO *MILLENNIUM* ATÉ AO FUTURO

2023

Coordenação
Francisco George

ALMEDINA

SAÚDE PÚBLICA EM PORTUGAL

COORDENADOR
Francisco Henrique Moura George

EDITOR
EDIÇÕES ALMEDINA, S.A.
Avenida Emídio Navarro, 81, 3D – 3000-151 Coimbra
Tel.: 239 851 904 · Fax: 239 851 901
www.almedina.net · editora@almedina.net

CAPA
EDIÇÕES ALMEDINA, S.A.

PAGINAÇÃO
Rosa Baptista

IMPRESSÃO E ACABAMENTO

março, 2023

ISBN
978-989-40-1085-2

DEPÓSITO LEGAL

ALMEDINA | GRUPOALMEDINA

AUTORES

Francisco George
Médico pela Faculdade de Medicina de Lisboa. Especialista em Saúde Pública. Funcionário da Organização Mundial da Saúde (OMS), entre 1980 e 1991. Diretor-geral da Saúde de 2005 a 2017. Professor associado convidado da Escola Nacional de Saúde Pública da Universidade NOVA de Lisboa (ENSP), entre 2006 e 2017. Presidente da Cruz Vermelha Portuguesa (CVP), de 2017 a 2021. Presidente da Direção da Sociedade Portuguesa de Saúde Pública, desde 2022.

Constantino Sakellarides
Médico pela Faculdade de Medicina de Lisboa. Doutorado em Saúde Pública pela Universidade do Texas, Estados Unidos da América. Antigo alto funcionário da OMS/Europa. Ex-diretor-geral da Saúde. Professor catedrático jubilado e ex-diretor da Escola Nacional de Saúde Pública da Universidade NOVA de Lisboa. Presidente da Mesa da Assembleia Geral da Sociedade Portuguesa de Saúde Pública.

Carolina Torres
Médica pela Faculdade de Medicina de Coimbra. Assistente de Saúde Pública no Departamento de Saúde Pública da Administração Regional de Saúde do Centro. Mestre em Saúde Pública pela ENSP. Pós-graduada em One Health pela Faculdade de Medicina da Universidade de Lisboa.

Cátia Sousa Pinto

Médica pela Faculdade de Medicina da Universidade de Lisboa. Especialista em Saúde Pública. Chefe de divisão de Epidemiologia e Vigilância da Direção-Geral da Saúde de 2012 a 2018. Consultora em *Advanced Analytics and Intelligenc*e dos Serviços Partilhados do Ministério da Saúde (SPMS), entre 2019 e 2021. Coordenadora da Unidade de Relações Internacionais e Serviços Digitais Transfronteiriços dos SPMS (2022).

Cristina Abreu Santos

Licenciada em Economia pelo Instituto Superior de Economia e Gestão. Pós-graduada em Estudos Europeus pela Faculdade de Direito da Universidade de Lisboa. Coordenadora da Unidade de Apoio à Autoridade de Saúde Nacional (2012–2019) e do Centro de Emergências em Saúde Pública da Direção-Geral da Saúde (DGS), de 2016 a 2019. Vogal do Conselho Diretivo do Instituto Nacional de Saúde Doutor Ricardo Jorge (INSA), desde 2019.

Eva Menino

Licenciada em Enfermagem pela Escola Superior de Enfermagem Maria Fernanda Resende, Lisboa, e licenciada em Gestão pela Escola Superior de Tecnologia e Gestão do Instituto Politécnico de Leiria. Mestre em Enfermagem Comunitária pela Universidade Católica Portuguesa (UCP). Doutorada em Enfermagem pela UCP. Professora-adjunta na Escola Superior de Enfermagem de Coimbra.

Fátima Roque

Doutorada em Ciências Farmacêuticas e mestre em Tecnologias do Medicamento. Farmacologista com Certificado Europeu (EuCP) atribuído pela *Federation of European Pharmacological Societies* (EPHAR) e pela *European Association for Clinical Pharmacology and Therapeutics* (EACPT). Professora e investigadora no Instituto Politécnico da Guarda em Farmacoepidemiologia.

Gonçalo Órfão

Médico pela Faculdade de Medicina de Coimbra. Especialista em Imuno-hemoterapia no Centro Hospitalar e Universitário de Coimbra. Coordenador Nacional de Emergência da Cruz Vermelha Portuguesa. Membro do Conselho Nacional de Saúde Pública.

Gonçalo Sousa Lourenço
Mestre em Engenharia Biomédica pela Universidade Nova de Lisboa. Consultor de Análise de Dados e Inteligência Artificial (2020). Mestre em Gestão de Saúde Global pela Universidade de Coventry (2021). Gestor de Projetos de Saúde Digital Internacional nos SPMS, desde 2022.

José Miguel Caldas De Almeida
Médico pela Faculdade de Medicina de Lisboa (1970). Professor catedrático jubilado de Psiquiatria e ex-diretor da Faculdade de Ciências Médicas da Universidade NOVA de Lisboa. Funcionário da Organização Mundial da Saúde/Américas, de 2000 a 2005.

Leila Sales
Licenciada em Enfermagem pela Escola Superior de Saúde da Cruz Vermelha Portuguesa, Lisboa. Mestre em Enfermagem Médico-Cirúrgica, pós-graduada em Administração Hospitalar pela ENSP e doutoranda em Enfermagem pela Universidade Católica Portuguesa. Professora-adjunta na Escola Superior de Saúde da Cruz Vermelha Portuguesa-Lisboa.

Maria da Conceição Alegre de Sá
Licenciada em Enfermagem pela Escola Superior de Enfermagem de Coimbra. Mestre em Sociopsicologia da Saúde pela pelo Instituto Superior Miguel Torga. Doutorada em Enfermagem pela Universidade Católica Portuguesa. Professora-adjunta e vice-presidente da Escola Superior de Enfermagem de Coimbra.

Paula Coutinho
Licenciada em Engenharia Zootécnica. Mestre em Microbiologia. Doutorada em Microbiologia pela Universidade de Santiago de Compostela. Professora e investigadora no Instituto Politécnico da Guarda (IPG) em Biotecnologia Medicinal. Coordenadora do Centro de Potencial e Inovação de Recursos Naturais do IPG.

Raquel Duarte
Médica pneumologista do Centro Hospitalar de Vila Nova de Gaia/Espinho. Doutorada em Saúde Pública pela Universidade do Porto. Mestre em Gestão e Economia de Saúde. Foi diretora do Programa da Tuberculose da DGS. Secretária de Estado da Saúde no XXI Governo.

Sérgio Dinis

Psicólogo. Pós-graduado em Gestão de Informação e *Business Intelligence* na Saúde pela NOVA IMS. Investigador na Faculdade de Medicina da Universidade de Lisboa (2015–2019). Gestor de Projetos de Saúde Digital Internacional nos SPMS, desde 2021.

Sónia Dias

Psicóloga. Doutorada em Saúde Internacional pela Universidade Nova de Lisboa. Professora catedrática e diretora da Escola Nacional de Saúde Pública da Universidade NOVA de Lisboa (ENSP). Coordenadora do Centro de Investigação em Saúde Pública da ENSP. Membro do Conselho de Diretores do *Comprehensive Health Research Center*.

ÍNDICE

SIGLAS E ABREVIATURAS

ACES	Agrupamentos de Centros de Saúde
ACS	Alto-Comissariado da Saúde
ACSS	Administração Central do Sistema de Saúde
ADN	Ácido Desoxirribonucleico
ARN	Ácido Ribonucleico
ARS	Administração Regional de Saúde
CE	Comissão Europeia
CESP	Centro de Emergências em Saúde Pública
CNEC	Conselho Nacional de Ética para as Ciências da Vida
CNLCS	Comissão Nacional de Luta contra a SIDA
CDC	*Centers for Disease Control and Prevention*
CNS	Conselho Nacional de Saúde
Covid-19	*Coronavirus Disease* — 2019
CVP	Cruz Vermelha Portuguesa
DALY	*Disability Adjusted Life Years*
DGS	Direção-Geral da Saúde
DL	Decreto-Lei
ECDC	*European Centre for Disease Prevention and Control*
ECOS	Em Casa Observamos Saúde
ENSP	Escola Nacional de Saúde Pública
IANT	Instituto de Assistência Nacional aos Tuberculosos
INE	Instituto Nacional de Estatística
MERS-CoV	*Middle East Respiratory Syndrome — Coronavirus*
OMS	Organização Mundial da Saúde

ONSA	Observatório Nacional de Saúde
ONU	Organização das Nações Unidas
PEC	Programa de Estabilidade e Crescimento
PIB	Produto Interno Bruto
REVIVE	Rede de Vigilância de Vetores
SABA	Solução Antisséptica de Base Alcoólica
SARA	Sistema de Alerta e Resposta Apropriada
SARS	Síndrome Respiratória Aguda Severa
SICO	Sistema de Informação de Certificados de Óbito
SIDA	Síndrome de Imunodeficiência Adquirida
SINAVE	Sistema Nacional de Vigilância Epidemiológica
SLAT	Serviço de Luta Antituberculosa
SNS	Serviço Nacional de Saúde
TAP	Transpores Aéreos Portugueses
TB	Tuberculose
UCP	Universidade Católica Portuguesa
V	Volumes
VASPR	Vacina contra o Sarampo, Parotidite Epidémica e Rubéola
vDCJ	Variante da Doença de Creutzfeldt-Jakob
VIH	Vírus da Imunodeficiência Humana

PREFÁCIO

Este livro sinaliza o início de um projeto justamente ambicioso — a produção e divulgação de conhecimento sobre a Saúde Pública, a partir do trabalho da recém-criada Sociedade Portuguesa de Saúde Pública.

Não é, portanto, uma obra isolada, mas antes a primeira entre muitas que se lhe seguirão.

A sua ampla abrangência — o passado, o presente e o futuro da Saúde Pública — não deixa de ter um carácter eminentemente introdutório, e também o de um «fio condutor», em relação ao aprofundamento de temas de carácter mais específico que virão a seguir. Por isso, é mais convidativa do que exaustiva na sua ambição. Convida a uma compreensão integrada da evolução da Saúde Pública, chama a atenção para aspetos particularmente significativos e enquadra e situa os espaços do conhecimento mais pormenorizado que haverá que preencher.

O percurso delineado pela obra inicia-se em meados do século XIX. Esse percurso não é propriamente um compêndio de História, mas um registo de momentos significativos, como a antecâmara do pensamento prospetivo de que hoje tanto necessitamos.

Nessa perspetiva, começar pela «Regeneração e o tempo de Ricardo Jorge» faz sentido.

É a Ricardo Jorge (1858–1939), ainda jovem, quando não tinha ainda completado os 30 anos de idade, que devemos uma das expressões mais precoces e claras do confronto entre o entusiasmo pelo conhecimento e a rudeza do contexto económico, social e cultural que pretende iluminar: «Filha dileta da civilização moderna, intimamente relacionada com o desenvolvimento das ciências, das artes e das indústrias, a higiene tenta rasgadamente o seu ingresso na sociedade portuguesa, arrastando nessa onda pujante de aspirações progressistas que vão avassalando os espíritos pelo bem comum da pátria...», para logo acrescentar «... a despeito da educação preterida, da rotina cediça, da ignorância crassa e da inépcia administrativa».

Da frequente minimização desse confronto, nasce um desequilíbrio nocivo entre o festejar os momentos altos de novas ideias, propostas e projetos e o esquecimento das razões por que muitas dessas promessas acabam por não acontecer de facto ou por ficarem muito aquém do prometido. A experiência e os ensinamentos decorrentes dessas dificuldades reais são também indispensáveis para compreender como chegámos até aqui e como perspetivar um futuro mais bem-sucedido.

Esta obra é igualmente importante porque proporciona elementos indispensáveis à compreensão dos contextos que permitem ou dificultam progressos desejáveis.

Saúde Pública em Portugal e os livros que se lhe seguirão são principalmente sobre o futuro — ou melhor, sobre aquilo que o futuro nos trará perante os desafios que hoje já é possível discernir.

O futuro suscita sempre inevitáveis interrogações.

Crises financeiras, pandemias, economias de guerra ou os efeitos das alterações climáticas continuarão a pesar principalmente sobre aqueles que são económica e socialmente mais frágeis. E sabemos que os seus efeitos nas crianças e adolescentes tendem a fazer-se sentir ao longo dos seus percursos de vida. Que rede de proteção social e sanitária seremos capazes de lhes proporcionar?

Como outros países do Sul, envelhecemos antes de enriquecer (ao contrário de muitos dos países do Norte). Com o envelhecimento, há um número crescente de pessoas com morbilidade múltipla, fragilidades, dependências e isolamento, que tornam evidente a manifesta necessidade de articular a proteção e promoção da saúde com a ação social (a todos os níveis). Conseguiremos superar com inteligência organizacional as limitações dos recursos à nossa disposição?

Olhando para o percurso de vida das pessoas nas comunidades onde se inserem, a Saúde Pública esquece com frequência a importância das relações entre as gerações.

Minouche Shafik, na sua obra recente (2021), intitulada significativamente *What We Owe to Each Other. A New Social Contract,* cita dados relevantes quanto às perceções nos diferentes países sobre a questão de saber se «terão os jovens uma vida melhor do que os seus pais». As respostas positivas na China e na Índia situam-se respetivamente nos 78% e 65%, enquanto no Reino Unido e em Espanha são respetivamente de 22% e 21%. Na Academia portuguesa, trabalha-se já no sentido de identificar um «índice de justiça intergeracional para Portugal». Conseguiremos progressos efetivos na harmonização das necessidades e expectativas das várias gerações?

O desenvolvimento tecnológico traz-nos promessas extraordinárias — personalizaremos mais precisamente ainda as respostas à doença oncológica, seremos capazes de retardar a evolução de doenças neurodegenerativas, identificaremos precocemente animais portadores de vírus potencialmente pandémicos, a robótica dará à intervenção médica mais precisão e eficiência. Seremos capazes de, genuinamente, assegurar a universalidade no acesso a esses cuidados?

Há uma Saúde Pública global (Organização Mundial da Saúde), nacional (Direção-Geral da Saúde), académica (institutos de investigação e universidades), mas também uma Saúde Pública local, de ação e proximidade, para onde é necessário atrair os melhores, criando as condições profissionais, técnicas e tecnológicas necessárias para o efeito. Fá-lo-emos proximamente?

Num sistema reconhecidamente complexo, onde as interações abundam e as abordagens sistémicas são inevitáveis, o potencial computacional da inteligência artificial será (é) utilizado ubiquamente. Neste contexto, novas formas de literacia, como «apreender a conversar com o algoritmo», serão cada vez mais indispensáveis. Ou continuaremos a aceitar como fatalidade que uma percentagem crescente dos nossos concidadãos desista de compreender o mundo em que vive, limitando-se a colher os frutos mais à mão e a acreditar em histórias que nunca aconteceram?

A Saúde Pública como ação organizada para melhorar a saúde da comunidade e assegurar a realização do potencial de bem-estar em todos os momentos do percurso de vida de cada um depende da qualidade dos modelos de governação e governança na nossa sociedade. Nesta matéria, seremos capazes de evoluir dos modelos de «comando e controlo» e de «inteligência hierárquica» em uso, para os de inteligência distribuída e colaborativa que a sociedade reclama? E tornar evidentes os dispositivos de análise e direção estratégica indispensáveis para o efeito?

Finalmente, uma palavra de incondicional gratidão para com Francisco George. Não só pelo mérito de ter idealizado, orientado, coordenado e escrito uma parte substancial desta obra, mas também pela sua entusiástica e competente liderança na criação da Sociedade Portuguesa de Saúde Pública.

Lisboa, dezembro de 2022.

Constantino Sakellarides
Presidente da Mesa da Assembleia Geral da Sociedade Portuguesa de Saúde Pública

INTRODUÇÃO

A Sociedade Portuguesa de Saúde Pública, ao assumir uma orientação eminentemente científica e ao reconhecer a necessidade em atualizar o acesso a livros especializados, deliberou promover a edição de volumes que, no conjunto, passam a integrar a *Série de Saúde Pública*. Para tal, juntou peritos de distintas disciplinas em diferentes áreas do conhecimento.

O primeiro livro da coletânea, *Saúde Pública em Portugal*, percorre a história da moderna Saúde Pública, balizada a partir de marcos ocorridos na Europa, designadamente: a Grande Fome da Irlanda de 1845–1850, a publicação da *Public Health Act* de 1848 (Inglaterra) e o relatório de Rudolf Virchow sobre a epidemia de tifo nos mineiros da Alta Silésia, também em 1848, época correspondente ao período da Regeneração em Portugal.

Por isso, compreende-se o itinerário, aqui apresentado, que começa em 1851, depois da queda de Costa Cabral e que ultrapassa os dias de hoje rumo à antecipação de acontecimentos futuros.

Em 1985, tem início o Internato Complementar para médicos da carreira de Saúde Pública. Porém, cedo se acolhe a necessidade de estender o seu alcance. Novos tópicos passam a interessar à Saúde Pública, designadamente no âmbito da *ONE HEALTH*, que envolve a saúde das pessoas, dos animais e dos ecossistemas, na perspectiva da sustentabilidade.

Uma vez que a construção da Saúde Pública, além de envolver cidadãos, mobiliza múltiplas profissões e disciplinas, atravessando diferentes sectores e níveis, o texto agora publicado beneficia dos contributos de Carolina Torres, Cátia Sousa Pinto, Cristina Abreu Santos, Eva Menino, Fátima Roque, Gonçalo Órfão, Gonçalo Sousa Lourenço, José Miguel Caldas de Almeida, Leila Sales, Maria da Conceição Alegre de Sá, Paula Coutinho, Raquel Duarte, Sérgio Diniz e Sónia Dias.

À presente edição seguir-se-ão outros volumes dedicados, cada um deles, a tópicos próprios da Saúde Pública.

Pela colaboração recebida são devidos agradecimentos a todos os membros da Direção da Sociedade Portuguesa de Saúde Pública e, muito especialmente, a Constantino Sakellarides e a Jorge Simões, pelos avisados conselhos que formularam.

Últimas palavras são indispensáveis para realçar a reconhecida qualidade das Edições Almedina.

Lisboa, dezembro de 2022.

Francisco George
Presidente da Direção da Sociedade Portuguesa de Saúde Pública

1. A REGENERAÇÃO E O TEMPO DE RICARDO JORGE

CRONOLOGIA

Em Portugal, a segunda metade do século XIX é marcada pela pobreza de grande parte da população, pela insegurança alimentar das famílias, pela alta mortalidade infantil e pela ocorrência de sucessivas epidemias. O ciclo «pobreza-doença-pobreza» assume ampla expressão.

Em 1851, surge um novo alento com Saldanha a juntar «regeneradores» na governação que conduz com sabedoria e que integra individualidades reconhecidamente competentes e de elevado prestígio como Alexandre Herculano, Almeida Garrett, Fontes Pereira de Melo, entre outros. Nasce uma nova esperança.

Mas o país, depois de 1851, continuaria a sentir os efeitos do anterior processo de acentuada decadência. A saúde da população está exposta, constantemente, a riscos de natureza infecciosa. A esperança de vida é curta. No período em análise, até ao Ultimato de 1890, ocorrem sucessivas mudanças régias no topo do Estado: a rainha Maria II, o regente Fernando II e os reis Pedro V, Luís I e, depois, Carlos de Bragança. É verdade que, durante a Regeneração (1851–1868), surgem, no palco do poder político, diferentes protagonistas, estadistas mais jovens, com assinalável sucesso no contexto do desenvolvimento de políticas públicas impulsionadas por Fontes Pereira de Melo (1819–1887). Mas o atraso em todos os sectores, incluindo a Saúde Pública, prolongar-se-ia por muitos anos, apesar das melhorias alcançadas, em termos de prosperidade, pela construção de infraestruturas promovidas pelo fontismo.

O ambiente social, marcado pela pobreza, ruralidade e pelo analfabetismo, explica a disseminação de doenças infecciosas, agravada pela insalubridade ambiental das localidades. Em meio rural, as populações vivem em localidades isoladas, em habitações sem condições de higiene, juntamente com a criação de animais. A precariedade de vias de comunicação e meios de transporte agrava o isolamento.

Em 1853, começa a alastrar a epifitia da praga de oídio na viticultura, principalmente nas regiões do Algarve, Guarda, Douro e Minho, que provoca a crise vinícola que contribui para a grave recessão comercial de 1858–1859.

Em 1855–1856, epidemias de cólera reemergem na Europa, incluindo em Portugal.[1] Sempre com carácter epidémico, a cólera iria surgir em muitas regiões do país. Representa um problema crítico, tanto no litoral como nas comunidades mais interiores. No Porto, em 1855, a dimensão, intensidade e efeitos da epidemia são particularmente graves. A 7 de maio, foram registados 1752 casos de doença, dos quais 846 óbitos (a que corresponde a letalidade de 48%)[2]. Os relatos da época refletem, já com precisão descritiva, a magnitude e o itinerário da propagação da cólera pelo país. A imprensa dedica à cólera grande atenção. Os jornais descrevem as suas causas, formas de prevenção e informam sobre as localidades atingidas sucessivamente. Referem-se à falta de condições de higiene nos alojamentos, especialmente das famílias pobres, e à insalubridade generalizada ao nível dos bairros residenciais. Insistem na limpeza urbana. Mencionam mais de 22 mil óbitos em todo o território provocados pela cólera.

Já a febre amarela, diagnosticada pela síndrome que clinicamente apresenta, é, na altura, considerada uma doença importada por via marítima, a partir do Brasil. As descrições das consecutivas epidemias que

[1] Em 1849, John Snow demonstra a transmissão hídrica da cólera e estabelece o método epidemiológico, ao mesmo tempo que lança as bases da informação geográfica. Ficaram célebres os trabalhos que conduziu de controlo da epidemia de cólera, em Londres, entre 23 de setembro de 1848 e 25 de agosto de 1849, que provocou 7466 óbitos durante esse período. A ele também se deve a divulgação do clorofórmio como anestésico. Snow é, justamente, considerado o primeiro epidemiologista e o primeiro médico inglês anestesista.

[2] Segundo descrições de António da Cunha Vieira de Meirelles (ver referências bibliográficas).

ocorrem, desde 1850, nas cidades portuárias de Lisboa e Porto são atribuídas, erradamente, à propagação da febre amarela por transmissão de pessoa a pessoa, agravada pelas condições insalubres, especialmente nas zonas pobres das cidades.[3]

O ano de 1857 é particularmente dramático, como refere António Meirelles (1836–1873): «Nos cinco meses e nove dias, que tanto durou a epidemia, houve notícia de cinco mil e seiscentos e cinquenta e dois mortos, e treze mil setecentos e cinquenta e sete acometidos, na cidade. Dos arrabaldes e outras terras do reino, aonde foi levada pelos fugitivos de Lisboa, consta que passaram de quinhentos os atacados e houvera bom número de mortos sobre duzentos.»[4]

Em 1857, tem início a abertura para utilização pública da telegrafia elétrica.

Também em 1857, na sequência de intenso ciclone tropical que atinge o Grupo Central dos Açores, os milharais da ilha de São Jorge são devastados. Ocorre, então, uma grave crise social, marcada pela fome.[5]

Ora, é nesse panorama social que Ricardo Jorge nasce, no Porto, em 1858. Era o tempo prometedor do rei Pedro V de Bragança[6] e das prosas de Camilo.[7] Ricardo, formado pela Escola Médico-Cirúrgica do Porto, em 1879, exerce na mesma cidade, até quase ao fim do século, onde se destaca como médico municipal. Viria a morrer, em Lisboa, aos 81 anos de idade (1939).

O percurso de vida de Ricardo Jorge coincide, no plano cronológico, com marcantes acontecimentos não só de Saúde Pública, mas, igualmente, históricos e culturais que atravessam a Monarquia, a I República e o início Estado Novo.

Precisem-se os principais marcos temporais.

O médico Bernardino António Gomes (filho) (1806–1877)[8] aprofunda o estudo das persistentes epidemias de natureza infecciosa, propondo,

[3] Quer a natureza viral da febre amarela quer a transmissão vetorial são, à época, ignoradas.

[4] Obra citada em 2.

[5] Na época, o milho representa a fonte alimentar principal na ilha.

[6] Pedro V morre, vítima de febre tifoide, em 1861. O seu curto reinado de oito anos é marcado por surtos de cólera e de febre amarela.

[7] Apesar da diferença de idades, estabelece-se uma relação de cumplicidade entre Camilo e Ricardo Jorge.

[8] Bernardino António Gomes (filho) foi médico de Pedro V e de Luís de Bragança. Destacou-se como o primeiro médico português a utilizar clorofórmio e um inalador de éter em

ao nível nacional e internacional, a implementação de medidas preventivas baseadas na organização, sempre que necessário, de quarentenas e de cordões sanitários. Em 1851, publica a primeira edição de *Elementos de Pharmacologia Geral*, com reedições em 1896 e 1901.

Entre 1853 e 1857, ocorrem surtos sucessivos de cólera em todo o país, mais intensamente em 1855; o Algarve é a região mais afetada.[9]

Também em 1857, a 8 de outubro, o Conselho de Saúde Pública do Reino emite instruções populares contra a febre amarela, especificando os riscos representados pela criação e acumulação de animais domésticos, em especial porcos e aves.

A difteria, com expressividade epidémica, circula em Portugal, em 1858 e 1859. Constitui, então, uma importante causa de morbilidade e mortalidade, particularmente em crianças e jovens.[10]

Em 1859, é introduzido o sistema métrico em Portugal (1859) e em 1861 é fundado o Observatório Astronómico de Lisboa. Novas estradas são abertas.

Lentamente, os comboios começariam a circular nos carris de ferro de troço em troço, primeiro de Lisboa ao Carregado e depois, no Norte, até Ponte da Asseca e, a seguir, é concluída a linha férrea do Barreiro a Vendas Novas e do Pinhal Novo a Setúbal (1861).

Em 1860, é publicado o «Relatório sobre a Cultura do Arroz em Portugal e sua Influência em Saúde Pública», elaborado por uma comissão oficialmente constituída para o efeito que integra Andrade Corvo, Betâmio de Almeida e Manuel José Ribeiro.

Entre 1860 e 1862, a esperança de vida à nascença dos portugueses é calculada em 31 anos, segundo estimativas de vários autores, nomeadamente de Silva Carvalho (1894), Daniel A. Da Silva (1870) e Geraldo A. Pery (1878).

Em 1862, são criadas as intendências de pecuária.

Em 1864, o primeiro recenseamento sistemático da população expressa a existência de 3 829 000 habitantes em todo o Reino.

anestesia. Participou na Conferência Internacional de Constantinopla, em 1866, para defender medidas de prevenção das epidemias com base na quarentena e na interrupção da navegação durante o período epidémico.

[9] Tavira regista 500 óbitos; em Faro ocorrem 600 óbitos e em Portimão 126 mortos por cólera (em dez dias).

[10] Estefânia, rainha consorte de Pedro V, morre aos 22 anos de idade, em 1859, devido ao surto de difteria que nesse ano ocorre.

Ainda em 1864, o médico militar José António Marques (1822–1884) representa a Coroa de Luís de Bragança na I Convenção de Genebra que cria o Movimento da Cruz Vermelha. No ano seguinte, é o fundador da Cruz Vermelha Portuguesa, que passa a desempenhar importante atividade, não só de socorro a feridos de guerra, mas também de apoio social e sanitário durante crises sanitárias, nomeadamente durante a pandemia de gripe de 1918.

Em 1865, surgem os primeiros anúncios publicitários sobre higiene oral, nomeadamente sobre a necessidade de conservar a saúde dos dentes pelo uso regular de pastas dentífricas. Nesta época, a higiene oral está reservada à elite aristocrática da capital.

Nesse mesmo ano, em 1865, verifica-se nova epidemia de cólera em Portugal.

Nesse ano, é inaugurado o Palácio de Cristal no Porto, por ocasião da Exposição Industrial.

É igualmente em 1865 que Antero de Quental publica as Odes Modernas e intervém com elevado protagonismo na Questão Coimbrã, com a publicação da carta que escreve a Feliciano de Castilho, amplamente publicitada em fascículo intitulado «Bom senso e bom gosto». O romantismo de Herculano, Castilho e Almeida Garrett dava lugar ao realismo e, também, à agitação política nos meios académicos e ao aparecimento de movimentos democráticos e republicanos.

Em 1866, Bernardino António Gomes (filho) participa na Conferência Internacional de Constantinopla, que, à semelhança da anterior, em Paris, reúne especialistas mundiais em doenças infecciosas com o desígnio de uniformizar metodologias de prevenção e controlo para as principais epidemias que, nesse tempo, eram sucessivamente identificadas: cólera, febre amarela, varíola, tifo, etc.[11]

O Código Civil e o Código Administrativo são publicados em 1867, no mesmo ano da abolição da pena de morte para os crimes civis.

Em 1868, é criada a Junta Consultiva de Saúde Pública.[12] A nova legislação reorganiza a Saúde. Entre outras medidas, extingue o Conselho Superior de Saúde, transferindo as respetivas competências para a

[11] As conferências internacionais de saúde sucedem-se a partir de 1851. A primeira tem lugar em Paris, depois Constantinopla (1864), Viena (1874), Washington (1881), Roma (1885), Veneza (1892), Dresden (1893) e novamente em Veneza, em 1897.

[12] Lei de 3 de dezembro de 1868.

Secretaria de Estado dos Negócios do Reino. No plano político, a decisão tomada é tida, então, como discutível no plano dos benefícios.

Em 1869, é extinta a escravatura em todos os domínios da Coroa Portuguesa.

Nesse tempo, as Conferências do Casino, em 1871, são uma referência histórica. A geração de 70 na linha da frente do pensamento político e da cultura.[13] *Foi, então, clara a manifestação de desejo de mudança de políticas no sentido do progresso e da prosperidade. As Conferências são, justamente, consideradas o começo de uma verdadeira oposição às instituições da Monarquia Constitucional e à ordem imposta pela burguesia da época. O marquês de Ávila, então ministro do rei Luís de Bragança, a seguir à quinta Conferência, manda proibir o restante ciclo planeado, através de portaria de 26 de junho de 1871. À proibição, tida como ilegal, respondeu Antero de Quental com a célebre carta, endereçada a Ávila, publicada em 30 de junho: «Vou ser descaridoso com V. Ex.ª, porque V. Ex.ª deixou de merecer a minha caridade».*

Em 1872, é publicado o Regulamento Sanitário de Lisboa.

Em 1876, é publicada a primeira farmacopeia oficial — *Pharmacopêa* Portuguesa —, elaborada por uma comissão presidida por Bernardino António Gomes (filho).

Igualmente em 1876, é publicada a Cartilha Maternal de João de Deus, destinada ao ensino da leitura através de um sistema baseado na análise e na intuição, em lugar da aprendizagem de cor. Apesar das manifestações de adversários, o novo método adquire grande reconhecimento e difusão em todo o país.

No ano seguinte, em 1877, é inaugurada, no Porto, a ponte ferroviária sobre o rio Douro, conforme projeto de engenharia concebido por Gustave Eiffel.

Em 1877, o rei Luís de Bragança inaugura o primeiro hospital pediátrico que passa a ser designado como Hospital Dona Estefânia (Lisboa).

Também em 1877, foi feita a primeira conversa telefónica em Portugal, entre Carcavelos e Lisboa.

O Censo de 1878 traduz o crescimento populacional de Portugal para 4 160 000 habitantes.

Igualmente, em 1878, é inaugurada a iluminação pública elétrica na Cidadela em Cascais.

Também no mesmo ano, o círculo do Porto elege o republicano Rodrigues de Freitas (1840–1896) como primeiro deputado do Centro Eleitoral Republicano Democrático do Porto (CERDP) para o Parlamento da Monarquia.[14]

[13] Antero, Eça, Oliveira Martins, Teófilo Braga, Ramalho Ortigão, entre outros.

[14] Foi o primeiro deputado do Partido Republicano, entre 1870 e 1874.

Na época, os *lazaretos* são unidades fronteiriças, marítimas ou terrestres, destinadas à quarentena obrigatória de viajantes oriundos de certos destinos, considerados de risco em relação à febre amarela, cólera e peste. Estas estações de quarentena, para além de assegurarem o isolamento de viajantes, desinfectam mercadorias por fumigação. Geridas por médicos militares, funcionam em Lisboa (ao Porto Brandão, na margem sul do Tejo), Marvão, Valença, Elvas, Vilar Formoso e Vila Real.

Em 1879, o primoroso caricaturista Rafael Bordalo Pinheiro (1864–1905), de regresso a Lisboa, vindo do Brasil, é obrigado a permanecer em quarentena no lazareto, ao Porto Brandão.[15] Publica, em 1881, a célebre obra *No Lazareto*, com textos e ilustrações da sua autoria.

Em 1881, em Coimbra, Costa Simões (1819–1903) é o fundador da primeira escola de enfermagem em Portugal.[16]

Portugal, em 1881, concorda com a proposta do cientista francês Louis Pasteur (1822–1895), no sentido de passar ser utilizada a expressão VACINA para designar todas as imunizações, independentemente da doença-alvo, como forma de homenagem ao médico inglês, Edward Jenner (1749–1823), que inoculou, por escarificação, o vírus da *vaccinia* para prevenção da varíola.

Em 1882, no Porto é inaugurado o novo estabelecimento hospitalar dedicado à pediatria: Hospital Dona Maria Pia.[17]

Em 1884, Júlio de Matos (1856–1922) publica o *Manual de Doenças Mentais*, a primeira obra de referência para o ensino em Psiquiatria. Até ao princípio de 1880, apenas Rilhafoles funciona como unidade asilar para alienados.[18] Júlio Matos, Miguel Bombarda (1851–1910), António Maria de Sena (1845–1890),[19] Egas Moniz (1874–1955) e Sobral Cid (1877–1941) renovam a Saúde Mental.

[15] O Lazareto de Lisboa foi criado em 1815 com o objetivo de acolher viajantes e mercadorias chegados a Lisboa por via marítima a fim de fazerem quarentena e desinfecções.

[16] António Augusto da Costa Simões, médico e político, foi professor da Faculdade de Medicina e reitor da Universidade de Coimbra (1892–1898). Desempenhou diversos cargos, incluindo presidente da Câmara Municipal de Coimbra e de deputado à Corte.

[17] Viria a encerrar, por razões de segurança e de falta de condições, em outubro de 2012.

[18] A unidade de Rilhafoles é inaugurada em 1848.

[19] Em 1883, abre o Hospital do Conde de Ferreira, dirigido por António Maria de Sena e, mais tarde, por Magalhães Lemos (1855–1931).

Nesta altura, é no Porto, sua cidade natal, que Ricardo Jorge está especialmente ocupado em desenvolver o exercício da medicina, associada à higiene social, apoiado no laboratório bacteriológico municipal que criara. No início, dedica-se à neurologia e à hidrologia médica, bem como à atividade académica.[20] Em 1884, profere um ciclo de conferências sobre higiene em Portugal na sua Escola Médica do Porto.

Em Lisboa, o conhecido «Grupo do Leão» é retratado por Columbano, em 1885.[21]

Em 1886, o médico António da Cunha Vieira de Meirelles (1836–1873) publica *Memórias de Epidemiologia Portugueza*, com descrições sobre a ocorrência de surtos e efeitos na morbilidade e mortalidade a eles associados.

Em 1886, o desenho do Mapa Cor-de-Rosa e o Ultimato Inglês, quatro anos depois, em 1890, reforçam o movimento republicano, em consequência da capitulação da governação da Monarquia Portuguesa perante a rainha Vitória do Reino Unido.

Ainda em 1886, é inaugurada a segunda ponte de ferro no Douro, com dois tabuleiros, entre Porto e Vila Nova de Gaia (Ponte Luiz I). No ano seguinte, é concluída a linha férrea do Douro.

Também em 1886, Augusto Rocha (1849–1901) dinamiza, na Universidade de Coimbra, a criação de laboratórios de microbiologia, destinados à investigação e ao apoio dos trabalhos de Saúde Pública.

No mesmo ano, é criada a Escola de Enfermeiros do Hospital de São José, que, mais tarde, em 1930, dá origem à Escola Artur Ravara.

Em 1888, nasce, em Lisboa, Fernando Pessoa, que é, igualmente, entre outros, Alberto Caeiro, Álvaro de Campos, Ricardo Reis ou Bernardo Soares. Morre em 1935, aos 47 anos de idade.

Em 1889, em Portugal, os primeiros casos da pandemia russa de gripe são diagnosticados antes do final do ano; o vértice da onda epidémica ocorre entre o dia 5 e 10 de janeiro de 1890. Em Lisboa, o antigo Convento de Santa Marta é transformado em hospital como medida de antecipação. A taxa de ataque é alta, mas a letalidade baixa.[22] No continente,

[20] Ricardo Jorge é lente substituto da Secção Cirúrgica da Escola Médico-Cirúrgica do Porto, desde 1880.

[21] Tertúlia de artistas de Belas-Artes e escritores que se reúnem na cervejaria Leão de Ouro, em Lisboa.

[22] A taxa de ataque traduz a incidência (novos casos).

a atividade viral tem curta duração (cerca de três semanas) e depois, em abril, emerge nos Açores.[23]

No mesmo ano, 1889, é publicada a Lei da Assistência aos Alienados Criminosos.

Também em 1889, é inaugurada a iluminação elétrica na Avenida da Liberdade, em Lisboa.

Em 1890, a população recenseada sobe para 4 660 000 habitantes.

Em 1891, no Porto, tem lugar a Revolta de 31 de janeiro, tida como a primeira tentativa para implantar a República, que surge num contexto de descrédito das instituições monárquicas e de larga perturbação social, agravadas pela crise financeira e bancária.

Ricardo Jorge mantém-se distante dos movimentos republicanos. No plano ideológico, é considerado um independente, com indiscutível sensibilidade social, mas sem intervenção política ativa.

Também em 1891 é criada a primeira grande empresa farmacêutica, a Companhia Portuguesa de Higiene, por iniciativa do farmacêutico e químico diplomado pela Universidade de Coimbra, Emílio Estácio (1854–1919). No ano seguinte, o laboratório J. Neves & C.ª inicia a produção farmacêutica.

Em 1892, é criado Instituto Bacteriológico de Lisboa[24], que começa por estar instalado em salas cedidas pelo Hospital de São José, com a finalidade de assegurar o tratamento antirrábico às pessoas mordidas por cães raivosos. Tal como no Instituto Pasteur de Paris, também em Lisboa o tratamento pós-exposição tem efeito preventivo muito eficaz. O médico Luís Câmara Pestana (Funchal, 1863 – Lisboa, 1899) tem atividade saliente. Aos 29 anos de idade é nomeado diretor do novo instituto, logo no seu início, por despacho de 29 de dezembro de 1892. Em 1896, receberam este tratamento no Instituto de Lisboa 730 pessoas. Nos anos seguintes, a média sobe para cerca de 1000 por ano.

[23] Estudos posteriores confirmam que a pandemia russa de 1889–1890 é provocada pela emergência do vírus da gripe A(H2N2). Em 1900, a pandemia seguinte, Hong Kong, é consequência da emergência do vírus A(H3N8). Não tem atividade expressiva em Portugal.

[24] Instituto dedicado aos tratamentos antirrábico e antidiftérico. Em 1895, é autonomizado e passa a ser designado como Real Instituto Bacteriológico de Lisboa. A partir de 1902, a coincidir com a inauguração dos novos edifícios, toma o nome de Real Instituto Bacteriológico Câmara Pestana.

Em 1892, Aníbal Bettencourt (1868–1930) e Câmara Pestana elaboram o primeiro relatório sobre a análise bacteriológica das águas potáveis de Lisboa.

Também em 1892, é fundado o Instituto Oftalmológico de Lisboa, que, em 1929, toma a designação de Instituto de Oftalmologia Doutor Gama Pinto.

Em 1894, ocorre em Lisboa uma epidemia de diarreia aguda que rapidamente se propaga. Durante as primeiras semanas, a natureza do surto não é identificada. Câmara Pestana e Aníbal Bettencourt estudam o agente e, ao mesmo tempo, apresentam propostas de controlo. Em conjunto, concluem que é uma forma diferente de cólera a que chamam para-cólera, provocada pelo «vibrião para-colérico», uma vez que o agente identificado nas fezes dos doentes não originava a «reação de Pfeiffer», como acontece nos casos de vibrião da cólera.[25]

Também em 1894, Francisco da Silva Carvalho (da Escola Médico-Cirúrgica do Porto) publica o estudo sobre «A Mortalidade das Creanças e a Assistência Pública». Silva Carvalho estima, para o país, as taxas médias para 1860/1862, entre os 0 e 1 ano de idade, de 13,89%, correspondente à taxa de mortalidade infantil de 138,9 por mil.

No mesmo ano, 1894, a primeira fábrica de cimento é estabelecida em Alhandra (Fábrica Tejo).

Em 1895, Ricardo Jorge passa a lente proprietário de Higiene e Medicina Legal da Escola Médico-Cirúrgica do Porto. Continua, no entanto, como médico municipal e prossegue a produção científica muito focada no perfil demográfico dos portuenses e nas condições de salubridade em meio urbano. Chefia os serviços municipais de Saúde e Higiene, incluindo o Laboratório Municipal de Bacteriologia, com visível entusiasmo.

Em 1895, é inaugurada a central termoelétrica da Arrábida, no Porto.

Entre 1896 e 1900, a taxa de mortalidade infantil no Porto é estimada em 280 por mil, tendo entre as causas principais diarreia aguda e pneumonia.[26]

[25] Admite-se, hoje, que a epidemia de 1894 foi provocada pelo vibrião colérico biótipo El Tor.

[26] Tese apresentada por Guilherme Urbano da Costa Ribeiro (1902) à Escola Médico-Cirúrgica do Porto sobre «A Mortalidade Infantil no Porto»: análise dos óbitos em crianças dos 0–5 anos verificados em 15 freguesias do Porto, entre 1896 e 1900.

Em 1896, tem lugar, em Lisboa, a primeira sessão pública de cinema.

Em 1897, é criada no Hospital do Desterro, em Lisboa, a primeira consulta destinada a doentes com infecções venéreas (incluindo sífilis). O diretor do serviço de dermatologia e doenças venéreas é Thomaz de Mello Breyner (1866–1933), que, durante o reinado de Carlos de Bragança, desempenha um papel de reconhecido mérito na prevenção e controlo das doenças sexualmente transmitidas. A ineficácia de medidas de prevenção e de terapêutica explica a elevada prevalência de doenças venéreas de entre a população portuguesa.

A sífilis representa o problema mais grave. Constitui uma enorme preocupação. Além de sistematicamente ocultada, é reprovada no plano social. A sífilis pode persistir no doente infectado durante toda a sua vida, mesmo muitos anos depois de ter sido infectado. O período de latência, depois da infecção sifilítica inicial, pode ter a duração de 20 ou 30 ou ainda mais anos. O aparecimento de manifestações tardias da doença, quer exantemáticas, quer, sobretudo, neurológicas, constitui motivo de grande inquietação nas famílias, não só pela gravidade do quadro clínico e pela sua lenta evolução, mas também pela falta de medicamentos eficazes à época.[27]

Em 1898, é fundada, em Lisboa, a Associação dos Médicos Portugueses, que, em 1939, passa a ser a Ordem dos Médicos.

Em 1899, o decreto de 28 de dezembro regulamenta a produção e utilização de «Águas Mineraes», bem como a «concessão de nascentes de águas minero-medicinaes».

Também em 1899, o decreto com força de lei reorganiza os serviços agrícolas, estipulando que os respetivos serviços sanitários têm por fim garantir a saúde animal na perspetiva do controlo de zoonoses e protegerem a saúde humana.

Ainda em 1899, Maximiano Lemos publica a *História da Medicina em Portugal*, que constitui obra de referência.

[27] Estas manifestações tardias, que surgem muitos anos depois da primeira infecção, são a *tabes dorsalis* e a paralisia geral ou demência paralítica. Estes quadros clínicos aparecem depois de um longo período de latência, sem sintomatologia (20% dos doentes internados em manicómios são por problemas demenciais da sífilis). Também podem surgir complicações tardias do foro cardiológico, nomeadamente insuficiência aórtica luética. A sífilis congénita em recém-nascidos de mães infectadas continuaria a existir, em Portugal, por muitos anos.

Na viragem do século XIX para XX, Portugal é um país rural, pobre e confrontado com graves problemas de Saúde Pública. A população é maioritariamente analfabeta: em cada dez portugueses, oito não sabem ler nem escrever.

Em 1900, a população residente é de 5 016 000 habitantes. Cerca de 80% da população acima dos seis anos é analfabeta. Neste ano, o perfil da estrutura da população ativa ilustra a preponderância da agricultura ao alcançar 64%, a indústria 18% e o sector dos serviços 21%.

Na época, o Estado ocupa-se unicamente da assistência médica a pobres. A prestação de cuidados de saúde é eminentemente privada.

Em 1900, João Ferraz de Macedo (1838–1907) é o primeiro diretor-geral de Saúde e Beneficência Pública a desempenhar o cargo. Lente na Escola Médico-Cirúrgica de Lisboa, Macedo é um médico de elevado prestígio. Na sua dependência estão a Inspeção-Geral de Serviços Sanitários, a Repartição de Saúde e o Conselho Superior de Saúde e Higiene Pública. Promove, em 1902, medidas que visam diminuir a incidência da tuberculose. No ano seguinte, dá particular atenção à salubridade das edificações urbanas. Ocupa-se da estatística sobre o cancro.

A partir de 1900, Ricardo Jorge, recém-chegado a Lisboa, desempenha o cargo de inspetor-geral dos Serviços Sanitários. Desde logo, aplica-se em reformar a legislação de Saúde Pública. Para tal, conta com a necessária autorização do presidente do Conselho, primeiro, José Luciano de Castro, depois, o seu sucessor, Hintze Ribeiro.[28]

Inicia-se um período de vasta produção legislativa sobre Saúde Pública com compreensível associação à epidemia do Porto. Os decretos e leis publicados assumem, muitas vezes, um carácter reativo como lição da crise da peste. Ricardo Jorge é, naturalmente, o seu promotor principal. O decreto de 5 de abril de 1900 regula o ensino universitário de Higiene Pública e de Medicina Legal, separando-as em duas cadeiras distintas.

Também em 1900, é publicado o Regulamento dos Serviços de Sanidade Pecuária de Lisboa.[29]

A portaria de 7 de fevereiro de 1901 aprova a nova lista de doenças, quer para estatísticas de mortalidade quer para estatísticas hospitalares.

[28] José Luciano, a 26 de junho de 1900, é substituído por Hintze Ribeiro como presidente do Conselho de Ministros.

[29] Decreto de setembro de 1900.

A lei de 12 de junho de 1901, do governo de Hintze Ribeiro, reorganiza a Direção-Geral de Saúde e Beneficência Pública. A marca de Ricardo Jorge na elaboração do novo diploma é explicitada no próprio preâmbulo da lei, que cita o célebre político inglês Benjamim Disraeli: «o primeiro mandamento é velar pela saúde do povo».[30] A lei de 12 de junho envolve as câmaras municipais em atividades obrigatórias de luta contra as doenças infecciosas, nomeadamente vacinas e distribuição de soro antidiftérico a preços controlados. Determina a criação do imposto de selo dos atestados de vacinação, de sanidade e de doença, tal como taxas de inspeção a certos estabelecimentos insalubres. A par destas normas gerais de reorganização, prevê mais recursos destinados ao Real Instituto Bacteriológico de Lisboa para «organizar os serviços antivariólicos e cumprir a lei da vacinação obrigatória», bem como ao «seu» Instituto Central de Higiene. É alargada a composição do Conselho Superior de Higiene Pública.

O decreto de 24 de agosto de 1901 autoriza a abertura das enfermarias anexas ao Real Instituto Bacteriológico, destinadas a doentes com difteria.

Em 1901, é inaugurado, em Lisboa, o serviço público de transportes urbanos em carros elétricos. A Companhia Carris expande progressivamente o serviço a todas as freguesias da capital.

Também em 1901, o médico neurologista Egas Moniz (1874–1955)[31] lança a primeira edição de *A Vida Sexual*, que viria a constituir um êxito editorial, traduzido pelas sucessivas edições e atualizações. Obra diferente para a época, se bem que na ótica conservadora. Inclui descrições, escritas em linguagem acessível, sobre prevenção de doenças transmitidas por via sexual. Por outro lado, ignora o problema da interrupção da gravidez não desejada, apesar de, na altura, representar graves riscos para a mulher. Não deixam de surpreender as explicações apresentadas por Moniz sobre o tema do decrescimento da população, que teria, para ele, além da emigração, as seguintes causas: 1) alcoolismo, sífilis, etc;

[30] Ricardo Jorge não escondia a sua admiração pelo político conservador inglês Disraeli (1804–1881), aristocrata, romancista e antigo primeiro-ministro do Reino Unido, por duas vezes, no tempo da rainha Vitória.

[31] Egas Moniz é laureado com o Prémio Nobel em 1949. As suas pesquisas representaram importantes desenvolvimentos científicos em Neurologia, nomeadamente a arteriografia cerebral e a leucotomia pré-frontal.

2) práticas neomalthusianistas;[32] 3) feminismos; 4) desmoralização e prostituição.

Em 1902, são inaugurados os novos edifícios do Real Instituto Bacteriológico, sob a direção de Aníbal Bettencourt (1868–1930).

Na transição para o século XX, à crise social e económica, junta-se a crise política.

A emigração acentua-se para o Brasil. A pobreza é generalizada. A alimentação das famílias, que tem por base o pão, sopa e batata, é insuficiente. A agricultura, ainda pouco mecanizada, é consagrada, principalmente, às culturas de trigo, vinha e arroz. A malária e a tuberculose são endémicas e as epidemias de cólera e tifo frequentes. Os sinais de prosperidade do fontismo apagar-se-iam.

Também em 1902, o químico francês Charles Lepierre (1867–1945) e o microbiologista português Nogueira Lobo (1880–1918) realizam e publicam os resultados das análises microbiológicas das águas da cidade de Coimbra.

O ano de 1902 é, igualmente, marcado pela criação do Hospital Colonial e da Escola de Medicina Tropical. O primeiro diretor, de uma e outra instituição, é o médico militar António Duarte Ramada Curto (1849–1921). A partir de então, são organizadas missões às colónias para controlo das grandes endemias. Nesta área, destaca-se o médico naval Aires Kopke (1866–1947), que conduz importantes pesquisas sobre a doença do sono em São Tomé e em Moçambique. Aires Kopke distingue-se, reconhecidamente, como eminente parasitologista que impulsiona a «Escola Portuguesa de Medicina Tropical».[33]

Em 1903, começa o Curso de Medicina Sanitária, com a duração de quatro meses.

Em 1904, tem início o consumo particular de energia elétrica, em Lisboa.

Também em 1904, o presidente do Conselho, Ernesto Hintze Ribeiro, nomeia uma comissão encarregue do estudo do cancro. A comissão é composta por Ferraz de Macedo (que preside), Curry Cabral, Oliveira

[32] O inglês Thomas Malthus (1766–1834) defende que a melhoria da humanidade é impossível sem limitar a reprodução.

[33] A Escola dá lugar ao Instituto de Medicina Tropical (entre 1933 e 1966) e depois à Escola Nacional de Saúde Pública e Medicina Tropical. Em 1972, há a separação em Escola Nacional de Saúde Pública (ENSP) e Instituto de Higiene e Medicina Tropical (IHMT).

Feijão, Custódio Cabeça e Azevedo Neves.[34] Os trabalhos, desenvolvidos desde logo, incluem um inquérito sobre a prevalência de cancro, endereçado a todos os médicos municipais, considerado precursor dos registos oncológicos. Os resultados são apresentados dois anos depois e amplamente divulgados pela imprensa.

Em 1906, Lisboa acolhe o XV Congresso Internacional de Medicina nas novas instalações da Escola Médica ao Campo de Santana. Miguel Bombarda preside ao congresso com mestria. Participam 2 mil congressistas de 27 países. Entre outros, Ricardo Jorge apresenta comunicações sobre a situação de saúde em Portugal. No ano seguinte, são publicadas as atas do congresso que preenchem 20 volumes.

No mesmo ano, 1906, é criado o Hospital do Rego, destinado ao tratamento de doentes portadores de infecções contagiosas.[35]

Em 1906, João Franco é nomeado chefe do Governo do rei Carlos de Bragança, que, a partir de maio do ano seguinte, governa em regime de ditadura.

Em 1907, a CUF monta no Barreiro uma fábrica de adubos químicos.

Em 1908, a 1 de fevereiro, na Praça do Comércio, em Lisboa, o regicídio e homicídio do príncipe herdeiro Luís Filipe aceleram o fim da Monarquia.

Manuel II de Bragança sucede a seu pai. Impõe mudanças no sentido do regresso ao sistema democrático. Porém, Portugal continua a ser subjugado pela oligarquia dominante, dependente do Estado e que convive em clima de permanente tensão, traduzido pela nomeação sucessiva de seis primeiros-ministros durante o curto reinado de Manuel II. A situação de Saúde Pública continua preocupante. A malária e a tuberculose são endémicas. A sífilis e blenorragia constituem problemas que não poupam a elite do reino. A crise da Monarquia, instalada desde o Ultimato, e a crescente influência do Movimento Republicano não facilitam a corte do rei Manuel II.

Antes do final de 1908, as eleições municipais de novembro elegem candidatos republicanos para a Câmara de Lisboa, como sinal da proximidade do fim da Monarquia.

Em 1909, a 23 de abril, um forte abalo sísmico provoca 30 mortos e 38 feridos em Benavente e localidades limítrofes. O sismo atinge a magnitude, estimada, entre 6 e 7,6 da escala de Richter. A destruição é

[34] Portaria de 20 de janeiro de 1904, publicada no Diário do Governo n.º 16, de 21 de janeiro.

[35] Em 1929, o Hospital do Rego passa a ser designado Hospital Curry Cabral.

vasta. A Cruz Vermelha Portuguesa promove socorro de emergência às populações afetadas.

Ainda durante a Monarquia Constitucional, em 1910, o médico venereologista Thomaz Mello Breyner ensaia no Hospital do Desterro, em Lisboa, a terapêutica com *Salvarsan* para tratar doentes com sífilis. Mello Breyner notabiliza-se como médico, pedagogo e humanista.

Em 1910, quando José Relvas, a 5 de outubro, proclama a República à varanda da Câmara Municipal de Lisboa, é anunciada a formação do Governo Provisório, presidido por Teófilo Braga.[36] Integra o elenco o médico António José de Almeida, que logo iria nomear Ricardo Jorge como diretor-geral de Saúde e Beneficência Pública.

Ricardo Jorge, que na altura desempenha as funções de inspetor-geral, viria a ser, assim, o segundo diretor-geral, depois de Ferraz de Macedo, que morrera em 1907, sem ter sido substituído, formalmente, no cargo.

A República deposita em Ricardo Jorge redobrada confiança e acredita na sua capacidade de reformador, tal como havia demonstrado na preparação dos novos regulamentos governamentais de José Luciano Castro.

Se bem que com atraso de 11 anos, a nomeação de Ricardo Jorge, como diretor-geral, representa, de certa forma, o reconhecimento público pelo sucesso do controlo da crise da peste do Porto.

Em 1910, ocorre uma epidemia de cólera na Madeira que terá tido origem em imigrantes provenientes da Rússia. Foram, então, registados 556 óbitos. O médico Carlos França (1877–1926) é incumbido de liderar a luta conta a epidemia.

O Governo Provisório, ainda em 1910, publica as leis do divórcio, do inquilinato e da família, mas a pobreza generalizada, a acentuada ruralidade, o elevado analfabetismo, bem como a indústria incipiente, continuam a representar obstáculos ao desenvolvimento socioeconómico de Portugal.[37]

Em fevereiro de 1911, tem lugar, em Lisboa, o Congresso dos Médicos Municipais, promovido pela Associação dos Médicos Portugueses.

[36] Ricardo Jorge, em 1917, envolver-se-á em polémica, muito agressiva, com Teófilo Braga. Publica em livro acusações que julga comprovadas, *Contra um plágio do Prof. Teófilo Braga.* Muitos, porém, duvidam da razão de Ricardo na polémica com Teófilo.

[37] Em 1910, a indústria utiliza, somente, 111 mil cavalos-vapor, em termos de energia, o que equivale a quase sete vezes menos do que a «pequena» Bélgica.

O congresso conta com a presença de Ricardo Jorge, que declara considerar-se um par perante todos os presentes. Para além de questões relacionadas com a organização das ações e competências territoriais dos médicos, os congressistas tratam de outros assuntos, como os respetivos vencimentos. Ricardo Jorge, na ocasião, já diretor-geral, participa nos trabalhos. Na última sessão elogia a recente publicação pelo Governo Provisório da nova Lei do Registo Civil, que considera indispensável ao trabalho dos «médicos sanitários para preenchimento dos seus mapas e, assim, pela criação dos boletins demográficos impessoais, a estatística adquirirá a justeza e a retidão que lhe faltavam até agora».[38]

Tal como Ricardo Jorge assumira no congresso, como compromisso, tudo fazer para melhorar a carreira dos médicos municipais, o decreto com força de lei, de 25 de maio de 1911, institui e regula a constituição de uma Junta de Partidos Médicos Municipais[39], que, para além do ministro e do diretor-geral, é composta por «seis vogais, sendo três eleitos pelas municipalidades, dois pelos médicos de partido, delegados e sub-delegados, guardas-mores de saúde e outros médicos do quadro oficial de Saúde Pública e um eleito pelas direções conjuntas da Sociedade de Ciências Médicas e da Associação dos Médicos Portugueses». É, assim, bem manifesta a preocupação da lei em envolver todos os interessados, escolhendo-os de forma democrática pelos seus pares.

Também em 1911, é publicado o decreto sobre assistência aos alienados por iniciativa de Júlio de Matos. O novo Diploma do Governo Provisório da República prevê a edificação de novos manicómios e colónias agrícolas destinados ao tratamento de alienados.

Em 1911, o recenseamento indica que a população portuguesa sobe para 5 547 000 habitantes.

No mesmo ano, mais de 75% da população total é analfabeta.[40] No género feminino, 77% das residentes portuguesas acima dos sete anos de idade não sabem ler nem escrever, indicador que traduz o atraso da condição da mulher da época.

Em 1911, ainda durante o Governo Provisório, José Relvas introduz o Escudo como a nova moeda nacional, equivalente a 1000 reis e dividido em 100 centavos.

[38] Ata do dia 19 de fevereiro de 1911.

[39] Partido Médico é a antiga designação dada à área geográfica, correspondente ao respetivo órgão administrativo, que está habilitada a contratar médicos municipais.

[40] São 69,7% em relação aos maiores de sete anos de idade.

Também em 1911, o médico, então na qualidade de ministro, António José de Almeida faz publicar o decreto de 25 de maio que procede à reorganização dos serviços de saúde e cria um «fundo nacional de assistência», destinado a apoiar indigentes e evitar a mendicidade.

Em 1911, o primeiro jardim-escola é inaugurado em Coimbra.[41]

Ainda em 1911, a 3 de setembro deste ano, termina funções o Governo Provisório da República, presidido por Teófilo Braga, e toma posse o I Governo Constitucional de João Pinheiro Chagas. A Constituição de 1911 é inspirada, principalmente, na Constituição do Brasil de 1891 e, igualmente, nos textos das Constituições suíça e francesa, bem como nos articulados das Constituições portuguesas anteriores.

A emigração acentua-se em 1912 e 1913. Nestes dois anos emigram 170 mil habitantes, sobretudo para o Brasil. Entre 1911 e 1913, o país perde 3,7% da população residente.

Em 1913, o Hospital de São José e Anexos formam os Hospitais Civis de Lisboa (HCL), sendo, assim, herdeiros do antigo Hospital de Todos-os-Santos.

Em 1914, a médica obstetra Adelaide Cabete (1867–1935) lidera a criação do Conselho Nacional das Mulheres Portuguesas, que, como organização feminista, defende os direitos sociais e políticos das mulheres.[42]

Em 1916, é declarada guerra entre Alemanha e Portugal. No ano seguinte, contingentes portugueses combatem os exércitos alemães em França e em África. Médicos militares e voluntários da Cruz Vermelha Portuguesa asseguram cuidados médicos às tropas portuguesas nas linhas da frente europeias e africanas.

Em 1917, a enfermeira da Cruz Vermelha Portuguesa Ana Guedes da Costa (1860–1947)[43] cria a Liga das Mulheres Portuguesas para apoiar os soldados feridos (incluindo familiares) do Contingente Português na Grande Guerra.

Em 1918 e 1919, além da pandemia de gripe pneumónica, registam-se epidemias de tifo exantemático e de varíola.

Os surtos de tifo exantemático, nesses anos, entre dezembro de 1917 e agosto de 1919, atingem sobretudo as populações do norte do país

[41] Apesar da política da República ser favorável à rede de jardins-escolas, em 1927 apenas cinco existiam em todo o país.

[42] Em 1947, Salazar mandou encerrar as atividades do Conselho Nacional de Mulheres.

[43] Mais conhecida como Ana Guedes.

(Braga e Porto). Calcula-se que provocam a morte a 1500 a 3000 doentes, residentes nos bairros pobres, sem condições de higiene e que, por isso, são mais vulneráveis. A taxa de letalidade é alta (varia entre 10% e 19%, em função das localidades e da idade dos doentes). Na altura, como medida de controlo, são criados «postos de despiolhamento» para depilação, aplicação de inseticidas e banhos com água quente e sabão. Ricardo Jorge afirma na época que «Portugal é um país tífico» e incentiva a desparasitação das populações expostas, como medida eficaz de controlo do vetor (despiolhamento com líquido inseticida composto, em partes iguais, por azeite, petróleo e aguarrás). No Porto, o plano de combate contra o tifo é liderado, primeiro (entre 23 de fevereiro e 18 de maio), pelo médico Augusto de Almeida Monjardino (1871–1941), como comissário do Governo, e depois por António de Almeida Garrett (1884–1961), médico e professor na Universidade do Porto.

A varíola, que é endémica, manifesta atividade epidémica durante o segundo semestre de 1918, simultaneamente com a pneumónica e o tifo. Ricardo Jorge decide intensificar, em todo o território, a administração da vacina jenneriana. Se bem que não seja propriamente obrigatória, a comprovação da vacinação era condição à entrada para a escola ou para o local de trabalho.

Em 1918, é publicada a regulamentação da atividade de Medicina Forense, bem como as funções dos médicos especialistas em Medicina Legal.[44]

Em 1919, ocorre, em Lisboa, uma epidemia de encefalite letárgica (comummente designada como «doença do sono»)[45]. A doença é altamente incapacitante devido à sonolência, letargia e tremores que origina. António Flores (1883–1957) lidera as ações de controlo.

Também em 1919, o Governo da República organiza o seguro social obrigatório na doença e na invalidez, velhice e sobrevivência, através da criação do Instituto de Seguros Sociais. No mesmo ano, entra em vigor a lei que impõe, obrigatoriamente, oito horas de trabalho diário. Inicia-se, igualmente, no mesmo ano a construção de bairros operários, pelo Estado.

[44] Decreto n.º 5023, de 29 de novembro.

[45] A «doença do sono» em causa é distinta de uma outra doença tropical com o mesmo nome, provocada por um protozoário do género tripanossoma.

Em 1920, o Censo revela que a população é de 5 621 000 habitantes (reflete a sobremortalidade verificada pela pneumónica).

Em 1921, é inaugurado no Hospital da Misericórdia do Porto um serviço dedicado ao tratamento do cancro.

A partir de 1921, começa a ser editada a revista de doutrina e crítica Seara Nova, que congrega os principais escritores portugueses do século XX, nomeadamente Jaime Cortesão (1884–1960), Raul Proença (1884–1941), António Sérgio (1883–1969), Aquilino Ribeiro (1885–1963), Luís da Câmara Reis (1885–1961), Raul Brandão (1867––1930), entre outros.

Em 1922, irrompe nos Açores uma epidemia de peste que atinge São Miguel e outras ilhas do arquipélago. Em anos anteriores tinham sido identificados casos de doença sem a magnitude do surto de 1922. O controlo do tráfego marítimo e a desratização com larga participação da população constituem as principais medidas de luta então implementadas.

Em 1923, o então ministro da Instrução Pública, o pedagogo e ensaísta António Sérgio (1883–1969), cria o Instituto Português para o Estudo do Cancro, focado no ensino e na investigação.[46] Viria, a seguir, a ter a designação de Instituto Português de Oncologia. Quatro anos depois, o Instituto entra em funcionamento e, a partir de 1933, dispõe do Pavilhão de Rádio para tratamento de doentes. O Instituto é dirigido pela comissão integrada por Francisco Gentil (que preside), Mark Athias, Raposo Magalhães, Henrique Parreira e Francisco Bénard Guedes.

Em 1924, a Rádio Lisboa CT1AA começa a emitir programas radiofónicos em onda média. No ano seguinte, passa ter a designação de Rádio Portugal.

A partir de 1925, generaliza-se progressivamente a camionagem e a mobilidade por automóveis.

Em 1925, por um curto período, a Direção-Geral de Saúde é transferida para o Ministério da Instrução Pública.[47]

Em 1926, ainda no tempo de Bernardino Machado como presidente, o médico Ernesto Roma (1887–1978) cria a Diabetologia Social, ao fundar

[46] António Sérgio, que, em 1923, desempenhou o cargo de ministro da Instrução Pública, cria pelo Decreto n.º 9333, de 29 de dezembro de 1923, o Instituto Português para o Estudo do Cancro, que, assim, começa por ser uma instituição de ensino e investigação, com sede provisória no Hospital Escolar de Santa Marta.

[47] O Decreto n.º 14 497, de 29 de outubro de 1927, volta a reintegrar a DGS no Ministério do Interior.

a Associação dos Diabéticos Pobres, para permitir o acesso à insulinoterapia das pessoas com diabetes de baixos rendimentos familiares.

Também em 1926, a Inspeção Farmacêutica é a primeira entidade estatal criada para regular os assuntos farmacêuticos e pôr cobro a infrações, nomeadamente no âmbito das farmácias de oficina e de laboratórios de produção de medicamentos. No plano da administração, a nova Inspeção fica na dependência da Direção-Geral de Saúde.

No ano seguinte, em 1927, a comercialização da célebre bebida americana Coca-Cola é interditada em Portugal por decisão de Ricardo Jorge.[48]

ESQUISSO DA PERSONALIDADE DE RICARDO JORGE

Ricardo Almeida Jorge nasce no Porto em 1858 e morre em Lisboa em 1939. É, reconhecidamente, uma personalidade multifacetada. Médico, professor, pedagogo, cientista, investigador, ensaísta, historiador, prosador e poeta. Universalista em oposição a provinciano. Homem de Ciências e de Letras. Polemista temido.[49] Cultiva a cultura e interessa-se por Arte e Linguística. Admirado por amigos e respeitado por adversários.

Uma biografia completa ainda não apareceu. Muitos, porém, têm escrito sobre a sua vida e personalidade. O médico e ensaísta Eduardo Coelho considera-o «homem culto, de espírito crítico penetrante, manejando conhecimentos vastíssimos com uma liberdade de pensamento notável».[50]

Formado pela Escola Médico-Cirúrgica do Porto, a partir de 1892 funda e dirige o Laboratório Municipal que assinala a sua dedicação à investigação.

[48] A comercialização da *Coca-Cola* em Portugal está associada a lendas e mitos que envolvem Salazar. Tudo indica, porém, que a decisão de Ricardo Jorge está relacionada com o teor de cocaína existente no refrigerante.

[49] Ficou célebre a polémica de Ricardo Jorge com Teófilo Braga. Bem ao seu estilo de polemista, Ricardo, em 1917, acusa Teófilo de plágio, considerando os seus trabalhos «escritos sem forma, pedantices mesquinhas, redes de contradições, suposições fantasistas, castelos de cartas, estilo de pomposa inanidade, álbum de retalhos, cesto de papéis velhos, etc. Que mais dizer?»

[50] Em Eduardo Coelho, *A Personalidade de Ricardo Jorge Através de Algumas Cartas Inéditas.*

Ricardo Jorge representou, desde 1912, Portugal no *Office* Internacional de Higiene Pública (OIHP), com sede em Paris, mesmo depois de aposentado e até à sua morte. Neste contexto, foi membro e presidente do Comité de Higiene da Sociedade das Nações. Sabedor, competente e fluente na língua francesa, a sua presença nos meios internacionais é muito apreciada.

Ao longo da sua vida, eleva a Higiene e a Saúde Pública a patamares muito altos, quer ao nível nacional quer internacional.

Primeiro como médico municipal do Porto, depois, já em Lisboa, como inspetor-geral dos Serviços Sanitários e, a partir de 1911, como diretor-geral de Saúde, nomeado pelo Governo Provisório da República por proposta de António José de Almeida.

A ele se deve o desenho e a construção da Reforma da Saúde Pública, numa perspetiva de modernidade.

A Escola Ricardina, multidimensional, marca o tempo da Modernização da Saúde Pública em Portugal.

Ricardo Jorge morre em 1939, no tempo do final da Guerra Civil de Espanha e nas vésperas das atrocidades da II Guerra. Nesse ano, Salazar coloca Portugal neutral e governa em regime ditatorial, apesar de a Constituição instituir a Assembleia Nacional.[51]

A PESTE DO PORTO

A surpreendente epidemia de peste bubónica no Porto, no verão de 1899, se bem que tenha assumido uma dimensão relativamente limitada, em termos de morbilidade e mortalidade específica, representa um imenso sobressalto no país, abalo agravado pela memória das antigas imagens das pestes negras medievais e pelo receio de propagação a outras regiões, para além do Porto.

A população toma consciência da dimensão da sujidade e do ambiente insalubre dos bairros pobres, da abundância de ratos e pulgas e das fragilidades das infraestruturas básicas. Também tem perceção dos riscos

[51] A Constituição de 1933 institui a Assembleia Nacional e uma Câmara Corporativa (artigo 102.º).

iminentes que estas situações representam e da debilidade dos meios de resposta, tanto do Estado Central como dos recursos municipais.

Ricardo Jorge viria a comprovar a gravidade dos riscos que repetidamente apontara, em especial os provocados pelas deficientes condições de higiene pública e pela falta de salubridade de locais de trabalho e de alojamentos dos habitantes do Porto, riscos que iriam estar na origem da reemergência da peste bubónica no verão de 1899. Nos círculos académicos, é tida como certa a ideia de que a epidemia poderia ter sido evitada se, antes, medidas preventivas de higiene social, preconizadas por Ricardo Jorge, tivessem sido implementadas no âmbito da gestão urbana e da administração portuária.

A Corte, em Lisboa, teme o pior. O presidente do Conselho de Ministros, José Luciano de Castro (1834–1914)[52], reconhecido como um experiente político e próximo do rei Carlos de Bragança, tudo faz para reduzir danos. Assegura inteiro apoio ao médico municipal, Ricardo Jorge, mas receia a propagação da epidemia para fora do Porto. Promove a implementação de um plano de contingência que inclui, em Lisboa, a reorganização do Hospital de Arroios (o antigo Convento de Arroios), para servir de hospital de doentes com peste, entre muitas outras medidas. Na altura, distinguem-se Curry Cabral (1844–1920), Luís da Câmara Pestana (1863–1899) e João Ferraz de Macedo (1838–1907).

O presidente do Conselho, José Luciano, ao estilo de ALERTA, manda publicar duas portarias a 8 de agosto: uma, «determina à Delegação de Saúde de Lisboa o pontual cumprimento das suas obrigações» e outra, «invoca perante os governadores civis a plena execução das leis e regulamentos de saúde» e, em particular, estipula que «as câmaras municipais tomem e executem as deliberações da sua competência em matéria de salubridade municipal e sem demora se proceda nos termos legais contra os funcionários e corpos administrativos que se tornarem negligentes».

No Porto, tudo começa no dia 4 de julho de 1899, quando um pequeno bilhete escrito por um comerciante da Rua de São João endereçado ao médico municipal, Ricardo Jorge, solicita a sua atenção «para uns

[52] O presidente do Conselho, no consulado de Carlos de Bragança, é mais conhecido como José Luciano.

óbitos que se tinham dado na Rua da Fonte Taurina».[53] Logo a seguir, Ricardo Jorge requereu as certidões de óbito que confirmam as mortes por «causas banais». Apesar disso, enviou um funcionário verificar o local, que, uma vez de regresso, transmite que «tinham morrido pessoas e outras estavam doentes de uma espécie de febre com nascidas debaixo dos braços». Portanto, nada de banalidade, concluiu. Polícia e agentes camarários impõem aos proprietários limpeza das habitações, que estavam imundas. Na primeira visita ao local, Ricardo Jorge tudo observa com minúcia. Interroga doentes, familiares e vizinhos. Apura, inicialmente, a existência de dez casos, três dos quais ainda com vida. Inicia inquirições meticulosas. Consegue identificar o caso propósito em trabalhador galego, estivador e mais 16 casos. Apesar da observação das «nascidas» (bubões), no início, não acredita que a etiologia seja a peste. Segue-se a dura batalha pelo diagnóstico da natureza da doença. Está em contacto estreito com o Hospital de Santo António, em particular com o seu diretor clínico, Guilherme Gonçalves Nogueira. Entretanto, comunica a ocorrência do surto ao vereador do pelouro da Higiene, à Autoridade Distrital (a 11 de julho, verbalmente) e por ofício de 12 de julho ao Ministério do Reino. Queixa-se de que estava só e das complicações burocráticas. A epidemia propaga-se. Novos casos são identificados.

A 28 de julho, redige um primeiro relatório. Aplica minuciosamente o método epidemiológico de Snow para investigar e registar a «descrição dos casos seriados cronologicamente e topograficamente referidos.»[54] Enumera 17 casos, com discriminação de nomes e idades. Os doentes são sujeitos a cuidadosa observação médica e os óbitos autopsiados. A seguir, formula comentários clínicos a cada caso e depois analisa a «feição epidémica», centrada na descrição do ambiente «imundo» da Rua da Fonte Taurina. Menciona os prédios todos, citando os números das portas (o primeiro caso residia no número 88), e inspeciona os andares relacionados com os casos suspeitos ou confirmados.

Só a 8 de agosto comunica, já com toda a certeza, que a origem da epidemia era a peste bubónica, diagnosticada no Laboratório Municipal de Bacteriologia, diagnóstico que viria a ser confirmado pelo micro-

[53] O bilhete recebido representa, para todos os efeitos, uma notificação (ao estilo de alerta) que não pode ser ignorada.

[54] Primeiro Relatório de 28 de julho, p. 82.

biologista Luís Câmara Pestana, do Real Instituto Bacteriológico de Lisboa, que fora ao Porto. Chegaram à cidade peritos estrangeiros para se inteirarem da situação e confirmarem a etiologia da epidemia. Ente eles, estava o antigo discípulo de Pasteur, Albert Calmette (1863–1933).[55]

Apesar das incessantes confirmações laboratoriais do diagnóstico etiológico da epidemia, há no Porto quem não acredite. Julgam ser tifo, e não peste. O Governo nomeia personalidades de elevado prestígio, com a incumbência de confirmarem a peste bubónica e de apresentarem propostas de providências. A comissão criada para o efeito é integrada pelo conselheiro José Joaquim da Silva Amado, Dr. Daniel Ferreira de Matos Júnior, pelo professor Alfredo da Costa, pelo professor Carlos Tavares e pelo médico naval José Pinto de Novais.[56]

No relatório de 10 de agosto, Ricardo Jorge refere 29 casos e volta a fazer considerações de «feição clínica», de «feição epidémica». Conclui, afirmando que «não há dúvida que a epidemia se alastra, infiltrando-se lenta, mas seguramente, como aliás é seu costume».

A 24 de agosto, é erguido um cordão sanitário (cerca sanitária) à volta do Porto, por ordem expressa do Governo, para impedir a circulação de pessoas na perspetiva de reduzir o risco de propagação da epidemia. O cordão, promovido por militares, só seria levantado a 22 de dezembro do mesmo ano.[57] As tropas estavam acantonadas em pontos de controlo ao longo da linha traçada para fins de vigilância. Só passavam pessoas inspecionadas. A limitação da navegação, incluindo barcos de pesca, é garantida pelo cruzador *Adamastor*, apoiado por um rebocador.

O centro urbano do Porto fica isolado. O decreto governamental estipula: «Enquanto durar a epidemia da peste bubónica na cidade do Porto será interrompida a liberdade incondicional das suas relações com o resto do reino por meio de um cordão sanitário...».[58]

São estabelecidas medidas complementares que incluem quarentena obrigatória de nove dias, higiene reforçada aos cidadãos necessitados

[55] Calmette viria preparar a vacina BCG contra a tuberculose, assim designada em sua homenagem, e ao veterinário francês Camille Guérin (1872–1961), que com ele trabalhou no seu desenvolvimento (Bacilo de Calmette e Guérin).

[56] Comissão nomeada pela portaria de 23 de agosto de 1899.

[57] Soldados dos batalhões de Infantaria e Cavalaria foram mobilizados para o efeito.

[58] Extrato do artigo 1.º do decreto de 23 de agosto de 1899.

através de banhos obrigatórios (em balneários públicos), evacuação forçada de casas, queima de roupas de cama, de interiores de habitações, suspensão de ajuntamentos, feiras e romarias e até incentivos pecuniários para caça aos ratos.[59]

A imprensa relata, com imenso destaque, pormenores sobre a evolução da epidemia e descreve as medidas propostas por Ricardo Jorge.

Criticado pelos comerciantes portuenses, Ricardo Jorge é protegido pelo Governo, sem reservas. Era preciso impedir, a todo o custo, a difusão da epidemia para outras localidades e, sobretudo, Lisboa.

O relatório de 28 de agosto já contabiliza 54 casos, dos quais 23 óbitos. Anexa uma planta da cidade com a referenciação de cada caso.

No final de setembro estão registados 120 casos e 41 óbitos.

Entretanto, multiplicam-se rumores e manifestações de descontentamento e desconfiança em relação ao médico municipal. Crescem os focos de contestação pelas medidas decretadas, quer por serem consideradas exageradas quer pela limitação imposta à circulação de pessoas, quer, ainda, por dificultarem atividades de comércio e negócios. A burguesia do Porto reúne-se em massa, em comício promovido pela Associação Comercial, junto ao Palácio da Bolsa, em manifestação de protesto contra o seu médico municipal e, especialmente, contra o Governo de Lisboa. Há um ambiente cada vez mais hostil a Ricardo Jorge, que, apesar de ter o apoio dos médicos do Porto e do Governo da Monarquia, decide que não tem condições de trabalho e abandona o Porto. «Fui a vítima inocente da multidão».[60]

Ricardo Jorge, amargurado pelas manifestações de incompreensão sobre as medidas que então tomara na sua cidade, ao chegar a Lisboa, ainda com a epidemia ativa no Porto, é acolhido nos meios políticos e universitários da capital.[61]

A imprensa da época refere que a máscara facial foi utilizada como medida preventiva, proposta pelo médico Afonso de Lemos, destinada a ser usada pelo pessoal de saúde no tratamento de doentes.[62]

[59] Por cada rato apresentado na esquadra, havia direito ao pagamento de 10 reis para os pequenos e de 20 para os grandes.

[60] Lamento de Ricardo Jorge no seu relatório de 20 de setembro de 1899.

[61] É de seguida nomeado inspetor-geral dos Serviços Sanitários e lente da Escola de Lisboa. Inicia um notável percurso como reformador. Voltaria ao Porto 22 anos depois.

[62] Segundo menciona Maria Antónia Pires de Almeida (referências bibliográficas).

Câmara Pestana, no Porto, prossegue os estudos para controlar a peste. Recolhe material destinado a ser estudado no seu instituto de Lisboa. Pretende alcançar a preparação de uma vacina. Apesar de ter sido administrado com o medicamento preventivo «soro de Yersin»[63], adquire a infecção no decorrer dos seus trabalhos realizados no Porto. Já de regresso a Lisboa, adoece gravemente a 10 de novembro. Internado no Hospital de Arroios, em isolamento, viria a morrer a 15 de novembro de 1899. A sua morte, apenas com 36 anos de idade, foi muito sentida nos meios médicos, científicos, académicos e políticos, igualmente.[64] Ricardo Jorge viria a escrever sobre Câmara Pestana: «Esses dias da odisseia no Porto, onde mais do que nunca ressaiu o homem completo que ele era — probo, sábio, generoso e dedicado — merecem memória escrita [...] A Medicina experimental tinha enfim em Portugal um mestre. E esse mestre morreu».[65]

Em janeiro de 1900, a epidemia de peste do Porto é declarada como extinta. No total, verificaram-se 326 casos declarados, com 111 óbitos.

À luz dos conhecimentos científicos de hoje e das práticas modernas de resposta a doenças com expressão epidémica, as medidas de Ricardo Jorge, à época, foram importantes para controlar a peste no Porto. Sem a sua liderança, sem as suas pesquisas, sem as suas ações, a epidemia teria sido um problema nacional de magnitude ainda mais dramática. Comprovadamente, no plano científico, o controlo da epidemia é um sucesso, justamente atribuído a Ricardo Jorge.

É verdade que, para tal, conta, por parte do Governo do Reino, com pronta produção de legislação de suporte às medidas que preconiza e à mobilização de recursos que solicita. Sem o apoio do presidente do Conselho, José Luciano Castro, pouco teria conseguido.

[63] Ricardo Jorge conseguira importar algumas dezenas de «vacinas e soros de Yersin», então considerados úteis para prevenção e tratamento. Além de médicos mais próximos de doentes, dois filhos de Ricardo Jorge receberam esse tratamento.

[64] A lei de 21 de junho de 1900 concede uma pensão à mãe e à filha de Câmara Pestana e determina que o Governo faça erigir no Real Instituto Bacteriológico um monumento à memória de Câmara Pestana. A pensão anual vitalícia concedida é de 600 mil reis, para cada uma, e é abonada pelo Ministério da Fazenda, desde o dia 15 de novembro de 1899.

[65] Extratos do artigo que Ricardo Jorge publicou em *O Dia*, de 15 de novembro de 1900.

Sucedem-se diplomas legislativos relacionados com a crise do Porto, nomeadamente:

A portaria de 8 de agosto de 1899 alerta os governadores civis para a necessidade urgente de exigirem a cabal execução das leis e regulamentos de Saúde Pública.

O decreto de 17 de agosto de 1899 descreve, no respetivo preâmbulo, a situação epidémica, em termos de risco, e mobiliza recursos «indispensáveis à defesa sanitária», declarando em vigor as disposições da legislação de 1855.

É publicado, na mesma data, um outro diploma, o decreto de 17 de agosto de 1899, que estabelece um conjunto de providências sanitárias, «atendendo às circunstâncias atuais de saúde pública no Porto».

Também no mesmo dia, outro decreto de 18 de agosto de 1899 «autoriza a Misericórdia do Porto a fazer despesas com o serviço de peste».

O decreto de 13 de setembro de 1899, proposto por Ricardo Jorge a José Luciano de Castro, determina, no artigo 1.º, que «a participação de qualquer caso de doença contagiosa, epidémica ou suspeita, exigida no artigo 44.º do Decreto de 3 de dezembro de 1868, será feita em ato contínuo à respetiva observação e dirigida em Lisboa e Porto aos competentes governos civis e nas outras terras do Reino aos comissariados de polícia ou administrações de concelho na falta destes». O artigo 2.º estipula que «as transgressões do preceituado no artigo anterior serão punidas com as penas da desobediência qualificada».

Em 1899, as morgues são instituídas em Portugal.

Por decreto de 4 de outubro de 1899, ainda antes do final da epidemia de peste, o presidente do Conselho de Ministros, José Luciano Castro, cria, no Ministério do Reino, a Direção-Geral da Saúde e Beneficência Pública. É constituída por um quadro que inclui: um diretor-geral; um inspetor-geral dos serviços sanitários, que será também chefe de repartição de saúde; um chefe de repartição para os serviços de beneficência pública; um primeiro-oficial; três segundos-oficiais e cinco amanuenses.

A portaria de 7 de outubro regulamenta as normas a serem observadas quando qualquer caso de peste é identificado fora do Porto.

O decreto de 9 de novembro institui o regimento do Conselho Superior de Saúde e Higiene Pública, que é integrado somente por funcionários sanitários.

O decreto de 28 de dezembro de 1899, poucas semanas depois, cria, igualmente, o Instituto Central de Higiene.[66] O diploma terá sido, seguramente, também preparado por Ricardo Jorge, recém-chegado a Lisboa, como resultado das lições da crise do Porto. O decreto introduz importantes mudanças no sentido da modernização do sistema de Saúde Pública, ao aprovar a organização geral dos serviços de Saúde Pública que iria moldar por muitos anos o modelo português, incluindo a dignificação da rede de delegados de saúde e subdelegados de saúde.

Por outro lado, a 28 de dezembro de 1899, é criado por decreto, no Ministério das Obras Públicas, a Junta Central de Melhoramentos Sanitários, com o objetivo de ser evitada a repetição do «exemplo de uma cidade que se viu atacada pela epidemia pestilencial...».

A TUBERCULOSE

Raquel Duarte

A morbilidade e mortalidade específica devidas à tuberculose são problemas de Saúde Pública, em Portugal, antes e depois da viragem para o século XX.

Na época, adquire expressão endémica, traduzida por elevadas prevalência e incidência. Nos centros urbanos apresenta níveis muito preocupantes. Apenas em Lisboa, Porto e Braga, no ano de 1899, há mais de 7 mil doentes.

Sabe-se, desde o anúncio, a 24 de março de 1882, da descoberta, pelo cientista alemão Robert Koch (1843–1910), que a tuberculose é provocada por uma bactéria com a forma de bastonete (bacilo), designada, desde então, como bacilo de Koch. A doença, em regra, evolui de forma insidiosa com emagrecimento, sudorese e queixas respiratórias.

Antes da era dos medicamentos específicos, os doentes com tuberculose eram internados em sanatórios para evitar a sua transmissão e proporcionar alívio da sintomatologia pelo repouso e pelas condições climáticas envolventes (em montanha ou perto do mar).

[66] O Instituto Central de Higiene, nos termos do artigo 19.º, do decreto de 28 de dezembro, é dirigido pelo inspetor-geral dos Serviços Sanitários (cargo ocupado por Ricardo Jorge, depois da sua chegada a Lisboa). A partir de 1929, o Instituto toma o nome de Ricardo Jorge.

O primeiro sanatório português foi construído no Funchal, em 1862, por iniciativa da imperatriz consorte, mulher de Pedro I de Bragança, em memória da sua filha, princesa do Brasil, Maria Amélia (1831–1853)[67], que tinha morrido com tuberculose aos 22 anos de idade. Devido ao clima ameno da Madeira, o sanatório teve muito sucesso por toda a Europa.

Porém, alguns médicos defendiam que as melhores condições para tratar estes doentes eram em montanha. Como consequência, determinadas cidades, como a Guarda (altitude de 1600 m), foram «invadidas» por um grande número de pessoas com tuberculose à procura de tratamento. Sousa Martins (1843–1897), um dos defensores desta abordagem, integra o grupo de médicos que promove a construção de grandes sanatórios, como o da Serra da Estrela, destinados a albergar e tratar as pessoas doentes com tuberculose.[68]

Em 1895, decorre o primeiro Congresso Português de Tuberculose, em Coimbra. Morriam nessa altura cerca de 20 mil pessoas por ano por tuberculose, em Portugal. Em 1899, a rainha Amélia (1865–1951), consorte do rei Carlos de Bragança, promove uma rede de centros de ambulatório, hospitais, sanatórios e preventórios (onde os filhos dos doentes com tuberculose podiam ficar alojados para prevenir a transmissão da doença). Em dezembro do mesmo ano, são aprovados os estatutos da Assistência Nacional aos Tuberculosos (ANT). A rainha destaca-se como protetora das iniciativas de luta contra a tuberculose.

É também criada a Liga Nacional contra a Tuberculose, pelo médico e político republicano Miguel Bombarda (1851–1910).

A lei de 17 de agosto de 1899, de José Luciano de Castro, cria «um fundo especial de beneficência pública dedicado à defesa sanitária contra a tuberculose». Este fundo é «constituído por diversos subsídios e unicamente aplicado a subsidiar a Associação Nacional aos Tuberculosos e à execução de medidas profiláticas e terapêuticas daquela doença». A tuberculose é considerada uma doença *major killer*, associada à pobreza e às classes trabalhadoras (mineiros, em particular), mas que não poupa famílias de altos rendimentos.

[67] Imperatriz consorte do Brasil Amélia Beauharnais de Leuchtenberg (1812–1873).

[68] Em 1890, Sousa Martins publica a sua célebre obra *A Tuberculose Pulmonar e o Clima de Altitude da Serra da Estrela.*

Em finais de 1926, Portugal tinha cinco sanatórios (388 camas) e sete dispensários para tratamento dos doentes em regime de ambulatório.

Em 1928, iniciou-se um movimento com o objetivo de aumentar o número de hospitais e de dispensários. Cerca de três anos mais tarde, foi implementado o plano que visava a abordagem dos doentes com tuberculose em regime de ambulatório, em dispensários equipados com laboratório e dotados de equipamento de radiologia. Os dispensários tinham a missão de prevenir, diagnosticar e tratar os casos de tuberculose. É nessa altura que os sanatórios começam a internar apenas os doentes mais graves. Em 1939, havia sete sanatórios (900 camas) e 63 dispensários.

Em 1939, a tuberculose era responsável por 10% de todas as mortes no país, correspondendo a uma taxa de mortalidade de 150/100 mil habitantes.

Em 1946, a fundação criada pela rainha Amélia de Bragança torna-se uma instituição pública. A luta contra a tuberculose sempre teve aceitação política, social e pública e financiamento generoso, com todos os serviços, incluindo os medicamentos mais recentes, fornecidos gratuitamente: a estreptomicina foi introduzida em 1949, a rifampicina em 1966, e quimioterapia de curta duração em 1979. Esta medida antecipa as atuais recomendações da OMS com vista à cobertura de saúde universal e proteção social dos doentes.

Em 1951, começa a vigilância epidemiológica. O sistema evolui de um processo manual para um sistema de cartão perfurado e depois para um programa de computador (ainda rudimentar). A notificação padronizada inclui, ao início, a identificação do doente, local de residência, manifestação clínica, manifestação radiológica nos casos pulmonares, resultados das baciloscopias, classificação de tratamento anterior, estado vacinal com BCG, teste tuberculínico e resultado final da doença. Os casos de tuberculose eram atendidos na sua grande maioria no Sistema de Saúde. Acredita-se que os dados registados eram válidos e representativos da situação epidemiológica: mais de 95% dos pacientes diagnosticados e tratados foram notificados.

Em 1921, os franceses Calmette e Guérin prepararam a vacina que passou a ser denominada por BCG (iniciais de Bacilo de Calmette e Guérin). A BCG é usada como parte dos programas nacionais de vacinação em países com muitos casos de tuberculose. A vacina não protege da infecção nem impede que a infecção latente da tuberculose progrida para a doença ativa. No entanto, previne complicações graves da tuberculose em crianças, como a meningite tuberculosa.

Entre 1960 e 1970, assiste-se a uma redução média anual da incidência de tuberculose de 9%.

Em 1975, a incidência volta a aumentar, devido ao regresso, repentino e em massa, de pessoas provenientes das antigas colónias de África, uma vez que regressam de países onde a incidência de tuberculose é muito alta.[69] Por outro lado, no começo, as condições de realojamento não são, muitas vezes, as ideais.

A PNEUMÓNICA

A pandemia irrompe no final da I Grande Guerra Mundial (1914–1918). Ricardo Jorge, o respeitado médico epidemiologista, é, então, o diretor-geral de Saúde. Apesar de inúmeras dificuldades devidas à escassez de meios, lidera o processo de controlo, tomando medidas enérgicas, incluindo a mobilização de estudantes de Medicina do quinto ano.

A pneumónica, em Portugal, viria a causar a morte de mais de 60 mil doentes (registados como mortalidade específica). No entanto, há autores que apresentam estimativas muito superiores, até mais do dobro, devido aos óbitos não diagnosticados corretamente e aos não notificados. Ainda hoje, é impossível apurar esse número com rigor. Sabe-se que a curva de mortalidade geral na primeira metade da centúria exprime uma acentuada sobremortalidade coincidente com as semanas de maior propagação das ondas epidémicas de 1918–1919.

Os grupos etários mais jovens são especialmente atingidos. Em grávidas, a taxa de letalidade pode atingir 30%.

Em 1918, ocorrem duas vagas, com duração média de dois meses cada. A primeira tem o acme em junho e a segunda, mais grave, em outubro. No ano seguinte, uma terceira vaga tem menor magnitude.

Os focos mais dramáticos verificaram-se, a partir do verão, nas localidades da periferia, onde a ruralidade é marcante, a taxa de analfabetismo mais elevada (então estimada em 75%) e a pobreza mais acentuada.

[69] Estima-se que são cerca de 500 mil portugueses que regressam das ex-colónias.

As infraestruturas sanitárias muito débeis, os médicos e enfermeiros insuficientes e a inexistência de medicamentos explicam a alta letalidade da pandemia. O ambiente político de instabilidade e a permanente tensão não contribuem para controlar os efeitos da gripe.

A Cruz Vermelha Portuguesa (CVP), além de ter sido incumbida do transporte de doentes (então designados por «epidemiados»), presta, igualmente, assistência social a órfãos e cuidados médicos aos doentes.

O corpo de damas-enfermeiras da CVP tem grande visibilidade, à semelhança do que acontecera durante a participação do Exército Português na I Guerra Mundial. Neste processo, destaca-se a nortenha Ana Guedes da Costa (1860–1947), que transforma o seu solar de família, em Vila Meã (Amarante), em unidade hospitalar destinada a doentes com gripe. No fim, a CVP recebe o reconhecimento da República, ao ser condecorada com a «Torre e Espada».

Na época, a comunidade médica ignora a natureza da pandemia. Só em 1933 a origem viral da gripe é demonstrada e mais tarde a tipagem do vírus comprova a sua origem zoonótica e o subtipo A(H1N1) da pandemia de 1918.

OBSERVAÇÃO FINAL SINÓPTICA

O período entre 1850 e 1926 é marcado pela ruralidade do país, pela acentuada pobreza das populações, pelo analfabetismo generalizado e pelas doenças de natureza infecciosa que causam elevados índices de morbilidade e mortalidade, incluindo infantil e perinatal. Surgem, quer com expressão endémica, como a tuberculose ou a malária, quer em epidemias, como a peste bubónica do Porto, a febre amarela, a cólera e o tifo.

No plano político, há a assinalar o derrube, em 1851, do Governo de Costa Cabral e a consequente abertura de relativa prosperidade que o fontismo possibilita durante a Regeneração.

Em 1910, a República cria uma nova esperança.

As médicas Beatriz Ângelo (1878–1911) e Adelaide Cabete (1867–1935) destacam-se como feministas, republicanas e sufragistas.

A pandemia de gripe de 1918 (designada como «pneumónica», por proposta de Ricardo Jorge) é especialmente grave, em termos de letalidade, sobretudo para os grupos etários de jovens adultos. É responsável pela morte de 60 mil portugueses.[70]

A participação de Portugal na I Guerra nas frentes da Flandres, Moçambique e Angola, ao lado dos Aliados, agrava a crise económica e social, mas assegura a continuação das colónias. Em França, a cientista Marie Curie (laureada duas vezes com o Prémio Nobel em 1903 e 1911, respetivamente da Física e da Química) percorre as frentes da Guerra em ambulâncias equipadas com aparelhos de radiologia para apoiar o diagnóstico dos ferimentos dos combatentes.

No final, em 1918, depois do armistício, é o médico Egas Moniz (1874–1955), então embaixador (ministro plenipotenciário), que representa a República Portuguesa nas negociações entre os países aliados, vitoriosos e a Alemanha derrotada.

[70] Há historiadores que elevam as estimativas dos óbitos por gripe entre 100 mil e 120 mil, ou ainda mais.

2. O ESTADO NOVO

CRONOLOGIA

A 28 de maio de 1926, as tropas saídas de Braga, comandadas pelo general Gomes da Costa, provocam a queda da I República e implantam um regime antidemocrático, primeiro como ditadura militar e depois como ditadura do Estado Novo.

Logo em 1926, é publicada nova legislação sobre a reorganização geral dos Serviços de Saúde Pública, que estipula as respetivas competências que são enumeradas no Diploma.[71]

As doenças infecciosas continuam a constituir motivo de inquietação ao longo do segundo quartel do século XX.

Em 1926, surge a figura do fiscal sanitário.[72]

Ricardo Jorge aposenta-se, em 1928, por limite de idade. Continua, no entanto, a escrever e representar o país no *Office* de Paris.[73]

A Ricardo Jorge, como diretor-geral, sucede o seu discípulo José Alberto de Faria (1888–1958), que desempenha o cargo entre 1928 e 1946. A seguir é nomeado Augusto da Silva Travassos (1896–1977), que é diretor-geral de Saúde entre 1946 e 1963.

[71] Decreto n.º 12 477, de 12 de outubro de 1926.

[72] A designação de fiscais sanitários passa a ser, a partir de 1946, agentes sanitários.

[73] O *Office* em Paris está integrado na antiga Sociedade das Nações (organização precursora da Organização das Nações Unidas).

Em 1929, registam-se surtos de tifo exantemático em diversas localidades do continente, mas Vagos representa a maior preocupação, com 54 casos, tendo sido necessário instituir um «hospital antiepidémico», balneários e tendas de campanha. No ano seguinte, em Regilde (Felgueiras), surge outro foco com 50 casos, tendo sido adotadas medidas análogas pela DGS. Como ação inovadora, são para ali destacadas visitadoras sanitárias.

Em 1930, a Direção-Geral de Saúde assinala, pela primeira vez, o problema das infecções hospitalares.

Também em 1930, na povoação de Glória (Salvaterra de Magos), ocorre uma epidemia de febre tifoide que obriga à montagem de um «hospital antiepidémico» com 30 camas.

Entre 1930 e 1933 regista-se um aumento da incidência da varíola.

Em 1931, é identificado um surto de *spirochetose íctero-hemorrágica*, com 112 casos em Lisboa.

A malária persiste como endémica.

Em 1930, a população portuguesa ultrapassa seis milhões de habitantes (6 360 000 residentes).

Em 1932 e 1933, Oliveira Salazar consolida a sua influência no Governo e no Estado, autoritário e corporativo, ao impor a promulgação de nova Constituição.

O regime do Estado Novo adota o modelo político de corporações, que, na Saúde, é traduzido pela prestação de cuidados médicos pelas caixas de previdência e casas do povo. As misericórdias mantêm em funcionamento pequenas estruturas assistenciais que ganham a designação de hospitais. Durante muitos anos, até 1958, a Saúde continuaria, em termos da orgânica governamental, dependente do Ministério do Interior.

A década de 1930 a 1940 continua a espelhar a situação de atraso social do país, apesar do equilíbrio das contas públicas. Sucedem-se riscos relacionados com a precariedade das condições de vida em geral, e em particular de trabalho. São, igualmente, identificados problemas de saúde sem implicação de doenças infecciosas. É neste panorama que, no concelho de Cuba do Alentejo, surge uma epidemia de saturnismo provocada por um dispositivo de chumbo entre as mós de um moinho de água para moagem de trigo.[74]

[74] Referência mencionada por tradição oral, citada na Escola Nacional de Saúde Pública por Francisco Gonçalves Ferreira, em 1977, como exemplo de uma epidemia motivada por um agente não-infeccioso. O excesso de casos de saturnismo, ocorrido nas zonas rurais do

Em 1931, tem lugar a abertura da Maternidade Magalhães Coutinho com 140 camas e, no ano seguinte, a Maternidade Alfredo da Costa.

Na época, a Fundação Rockefeller (EUA) desenvolve um importante programa de cooperação técnica e apoio financeiro, focado na área de Saúde Pública. O então diretor-geral de Saúde, José Alberto Faria (1888–1958), conduz as negociações a partir do início da década. Neste âmbito, a partir de 1939, são sucessivamente inaugurados o Instituto de Malariologia, um centro de saúde e uma escola de enfermeiras.

Em 1933, o paludismo constitui um grave problema de Saúde Pública. Nesse ano, Francisco Cambournac (1903–1994)[75] e Fausto Landeiro (1896–1948) publicam o relatório «O Sezonismo em Portugal», que assinala as altas incidência e prevalência, particularmente nas regiões de orizicultura (como no Vale do Rio Sado). Nesse ano, a prevalência do índice esplénico em crianças até aos cinco anos de idade, ali residentes, é de 100%.

Com apoio da Fundação Rockefeller, foram criados postos anti-sezonáticos para desenvolver medidas preventivas e de controlo, concebidas por Francisco Cambournac. As ações implementadas por Cambournac são centradas, por um lado, na luta antivetorial, e por outro, na eliminação do reservatório humano do agente. Desde então, a cooperação com a Fundação Rockefeller desenvolve-se, incluindo na construção do edifício do novo Instituto de Malariologia.

Em 1934, a nova legislação determina que «Na compra e venda de arroz de produção nacional entre produtores e industriais a Comissão Reguladora do Comércio de Arroz cobrará de cada vendedor e de cada comprador a taxa de 5 milavos por quilograma de cereal transacionado», taxa que se destina a auxiliar a luta contra o sezonismo «em harmonia com o plano adotado pela Direção-Geral de Saúde e por intermédio desta».[76]

Em 1934, a Emissora Nacional faz as primeiras emissões e no ano seguinte começa a emitir regularmente.

concelho de Cuba, nos anos 40, motivou uma criteriosa investigação epidemiológica que identificou como fonte do problema o atrito de um dispositivo de chumbo originado pelos movimentos das duas mós de um moinho de água na Ribeira de Alvito. À inativação do funcionamento do moinho em causa seguiu-se o final da epidemia.

[75] Francisco Cambournac é, justamente, considerado o fundador da Saúde Pública Tropical.

[76] DL n.º 24 619, de 29 de outubro, de 1934.

Em 1935, é criado, em Lisboa, o Instituto de Medicina Tropical (IMT).

No mesmo ano, é publicada a nova Farmacopeia Portuguesa, elaborada por três farmacêuticos militares e por dois inspetores, tendo por base as técnicas de controlo de qualidade em vigor na Farmácia Central do Exército e as melhores práticas estrangeiras.

Em 1938, o Governo institui «na dependência da Direção-Geral de Saúde uma direção de serviços anti-sezonáticos, à qual ficam subordinados as estações e postos».[77]

No início da década de 40[78], o inseticida DDT (diclorodifeniltricloroetano) passa a ser utilizado, em Portugal, através de pulverização, com o fim de eliminar os vetores (mosquitos do género *Anopheles*) nas zonas de cultivo do arroz. Porém, pouco depois, os insetos adquirem resistência ao inseticida, pelo que deixa de ter efeito na luta contra a malária. Este problema da resistência dos artrópodes aos inseticidas estende-se desde então até à atualidade.

Cambournac, no plano da luta biológica contra vetores, introduziu, nos canais de rega dos arrozais, peixes de água doce da espécie *gambusia*, que se alimentam de larvas de mosquitos.[79] Os trabalhos de luta contra o paludismo, incluindo a edificação da Estação de Águas de Moura, são financiados pela Fundação Rockefeller.[80]

Em 1938, Salazar cria a Leprosaria Nacional Rovisco Pais, na Tocha.[81]

Em 1939, é inaugurado o Centro de Saúde de Lisboa, unidade modelar construída no quadro da cooperação com a Fundação Rockefeller.

Em 1939, Elísio de Moura (1877–1977) é eleito como primeiro bastonário da Ordem dos Médicos.

Em 1939, tem início a II Guerra Mundial.

Em 1940, a abertura da Escola Técnica de Enfermeiras (ETE), anexa ao Instituto Português de Oncologia, em Lisboa, marca uma nova etapa no ensino de Enfermagem. A nova Escola adota um programa curricular

[77] DL n.º 28 493, de 19 de fevereiro de 1938.

[78] Na altura, registam-se 70 mil casos novos de paludismo por ano.

[79] Este método de luta biológica com peixes larvívoros foi depois utilizado pela OMS no Afeganistão (1971).

[80] O Programa de Cooperação da Fundação Rockefeller termina em 1943.

[81] A construção da Leprosaria Nacional foi financiada pelo fundo legado pelo filantropo José Rovisco Pais (1862–1932).

progressista destinado a formar enfermeiras polivalentes, capacitadas para exercerem tanto em meio hospitalar como ao nível comunitário. A Escola, que segue o modelo americano, representa um acontecimento histórico de relevo. Em pouco tempo adquire elevado prestígio.[82]

A partir de 1941 e até 1948, sob a direção de Bento de Jesus Caraça (1901–1948), são publicados 145 livros integrados na Biblioteca Cosmos, com a tiragem global de 800 mil exemplares. A iniciativa representa um importante marco na cultura portuguesa. A Biblioteca incorpora a divulgação de temas que interessam à Saúde Pública, designadamente: *Organização da matéria viva*, por Luiz Dias Amado; *A luta contra o micróbio*, por Joaquim Salvado Valente; *Como evitar as doenças infecciosas*, por Fraga de Azevedo e Fernando de Castro Amaro; *O desenvolvimento embrionário*, por Ramiro da Fonseca; *O corpo humano*, por Augusto Celestino da Costa; *O bacilo de Koch e o Homem*, por Ladislau Patrício, *Problemas científicos e sociais da alimentação*, por Francisco Gonçalves Ferreira, etc.

Em 1942, é inaugurado o Hospital Júlio de Matos, em Lisboa, considerado na época como modelar, pelo projeto inovador, contemplando amplos espaços livres. É uma das melhores unidades europeias. António Flores (1883–1957) é nomeado diretor.

Também em 1942, o aeroporto da Portela, em Lisboa, é aberto ao tráfego aéreo.

Em 1943, o Governo cria o Instituto Maternal, que tem a sua sede em Lisboa, na Maternidade Alfredo da Costa, e delegações no Porto e em Coimbra.[83]

Em 1944, é aprovada, por proposta do ministro do Interior, Mário Pais de Sousa (1891–1949), a Lei de Bases do Estatuto da Assistência Social, que estabelece as bases gerais do respetivo regime jurídico. Entre outras áreas, estipula as competências e a composição do Conselho Superior de Higiene e Assistência Social.[84]

Em 1945, são criados os Serviços Técnicos do Exercício de Farmácia e Comprovação dos Medicamentos. A nova unidade orgânica, como anteriormente, continua dependente da Direção-Geral de Saúde.

[82] A Escola Técnica de Enfermeiras é criada com o apoio técnico e financeiro da Fundação Rockefeller e instituída pelo Decreto n.º 30 447, de 1940, publicado a 17 de maio.

[83] DL n.º 32 651, de 2 de fevereiro de 1943.

[84] Lei n.º 1998, de 15 de maio de 1944.

Em 1945, em Portugal, há festejos, não oficiais, pela vitória dos Aliados, que ganham a Guerra contra a Alemanha, Itália e Japão.

Igualmente em 1945, é aprovada legislação que separa a Saúde da Assistência, no quadro da orgânica da Direção-Geral.[85]

Em 1945 e 1946, Joaquim Trigo de Negreiros (1900–1973), subsecretário de Estado da Assistência Social, reorganiza a orgânica dos serviços de assistência social no sentido da criação de respostas aos problemas, sociais e de saúde, baseadas em institutos «verticais», nomeadamente Instituto de Assistência à Família; Instituto Maternal; Instituto de Assistência aos Menores; Instituto de Assistência aos Inválidos; Instituto de Assistência Nacional aos Tuberculosos.

O mesmo diploma reorganiza a Direção-Geral de Saúde. Estipula que «o diretor-geral superintende em todos os serviços da Direção-Geral de Saúde e submete a despacho os assuntos que careçam de resolução superior, podendo, quando o exija a gravidade das circunstâncias, assumir as funções de comissário do Governo para a Saúde Pública e, nessa qualidade, requisitar as diligências, auxílio ou cooperação que julgar indispensáveis». Determina, também, que «em cada distrito do continente haverá uma delegação de saúde, diretamente subordinada ao diretor-geral de Saúde».

O ministro do Interior, Júlio Botelho Moniz (1900–1970), e o subsecretário, Trigo de Negreiros, lançam, igualmente, a Lei de Bases da Organização Hospitalar, que prevê um plano de construção de estabelecimentos hospitalares com verbas do Orçamento do Estado, mas que serão geridos pelas misericórdias. É estabelecido, pela primeira vez, um sistema hospitalar regionalizado.[86]

Em 1948, a escritora e jornalista Maria Lamas (1893–1983) inicia a publicação da sua principal obra, As Mulheres do meu País, editada por fascículos, entre maio desse ano e maio de 1950, que faz um retrato das condições de vida e de trabalho das mulheres portuguesas da década de 1940.

Em 1949, é aprovada a Lei de Bases contra as doenças contagiosas. Estipula que compete ao Estado, por intermédio da Direção-Geral de Saúde, a luta conta estas doenças em colaboração com as autoridades administrativas e policiais e os serviços de assistência e previdência.

[85] DL n.º 13 108, de 7 de novembro de 1945.

[86] DL n.º 35 108, de 7 de novembro de 1945, e Lei n.º 2011, de 2 de abril de 1946.

Define, igualmente, normas de isolamento e sanções para quem propaga deliberadamente doenças contagiosas. As doenças venéreas, em fase de contágio, têm destaque na Base XII, nomeadamente a sífilis, a blenorragia, o cancro mole e o linfogranuloma de Nicolas Favre. A lei estabelece, também, providências especiais para reclusos e prostitutas.[87]

Em 1949, Egas Moniz recebe o Prémio Nobel da Medicina e Fisiologia.

Em 1950, a taxa de analfabetismo é estimada em 40%.

A década de 50 da centúria de 900 é marcada, também, pela difteria, que ainda representa importante causa de morte devida a doenças infecciosas, em crianças entre 1 e 9 anos de idade.

Em 1951, o Governo de Oliveira Salazar aprova o Regulamento Geral das Edificações Urbanas (RGEU).

No ano de 1952, tem lugar, em Lisboa, o I Congresso de Medicina Tropical. Evento importante no processo da elevação da Escola Portuguesa, reconhecida pela qualidade dos trabalhos conduzidos em África, nomeadamente no âmbito da prevenção e controlo das grandes endemias.

Igualmente em 1952, o Centro de Saúde Sofia Abecassis introduz a Secção de Higiene Mental, a cargo do pedopsiquiatra João dos Santos (1913–1987), destinada ao acompanhamento de crianças, incluindo em idade pré-escolar.

Em 1952, é diagnosticado, em Portugal, o último caso de varíola.[88]

Em 1953, é criado o Instituto de Assistência Nacional aos Tuberculosos (IANT).

No mesmo ano, é inaugurado, em Lisboa, o Hospital de Santa Maria, que substitui o antigo Hospital Escolar de Santa Marta. O novo Hospital dispõe de 1457 camas. Funciona como estabelecimento universitário, uma vez que acolhe a Faculdade de Medicina de Lisboa.

No mesmo ano, Arnaldo Sampaio cria o Centro Nacional da Gripe, integrado na rede mundial da OMS, composta pelos laboratórios de referência em Londres, Atlanta, Tóquio e Melbourne, além do laboratório de veterinária em Mênfis.

[87] Lei n.º 2036, de 9 de agosto de 1949.

[88] Ao nível mundial, o último caso verifica-se em 1977 na Abissínia. A OMS declara a erradicação da varíola em 1980, como resultado da escarificação, em massa, com a vacina de Jenner.

A partir de 1955, a médica obstetra Cesina Bermudes (1908–2001) divulga em Portugal o método psicoprofilático de preparação das mulheres para o parto, conhecido comummente como «parto sem dor».

Em 1956, a Fundação Calouste Gulbenkian dá início, em Portugal, a uma vasta atividade no âmbito da promoção cultural, das artes e das ciências, incluindo o apoio à investigação médica e à prestação de cuidados médicos hospitalares e de Saúde Pública (como o Programa de Vacinação, por exemplo).

Em 1957, a 27 de setembro, o Vulcão dos Capelinhos inicia a atividade eruptiva, que se mantém até 24 de outubro do ano seguinte.

No mesmo ano, a Rádio Televisão Portuguesa (RTP) começa a emitir regularmente, a preto e branco, a seguir à fase experimental, que tem lugar no ano anterior.[89] *Assim, assegura a cobertura televisiva da erupção do Vulcão dos Capelinhos, na ilha do Faial, dos Açores.*

Em 1958, a malária endémica (sezonismo, na expressão de Ricardo Jorge, ou paludismo, da tradução do francês) é erradicada em Portugal.

Também em 1958, é criado o Instituto de Assistência Psiquiátrica (IAP), que funciona na dependência da Direção-Geral de Assistência. A exclusão da integração do IAP na Direção-Geral de Saúde traduz a vocação asilar dada às unidades de tratamento das doenças do foro psiquiátrico.[90]

Em 1958, Oliveira Salazar cria o Ministério da Saúde e Assistência e nomeia o jurista Henrique Martins de Carvalho (1919–1994) para desempenhar o cargo.

Nesse mesmo ano, no quadro do então Ministério do Ultramar, são inauguradas as novas instalações do Instituto de Medicina Tropical, em edifício próprio, à Junqueira. Francisco Cambournac, Cruz Ferreira, João Fraga de Azevedo, Ayres Kopke, António Damas Mora, Tito Morais, Guilherme Jorge Janz, Carlos Santos Reis, Fausto Landeiro, além de outros, marcam o tempo da «Escola Portuguesa» de Medicina Tropical, que intervém em África de forma distinta das escolas francesa ou inglesa. Obtém resultados notáveis em investigação científica, nos domínios da entomologia médica, parasitologia tropical, em particular no controlo das grandes endemias.

[89] As emissões a cores começam apenas em 1980.

[90] DL n.º 41 759, de 25 de julho de 1958.

Em 1959, é inaugurado o Hospital de São João, no Porto, que acolhe a Faculdade de Medicina.

Em 1960, a população é de 8 889 000 habitantes, que diminui na década seguinte, devido à intensa emigração para França e Alemanha.

No mesmo ano, tem início a comercialização da pílula contracetiva nos Estados Unidos da América e, três anos depois, é colocada no mercado em Portugal.[91]

Em 1960–1970, em Portugal, o risco de adquirir a sífilis, transmitida através de relações sexuais ocasionais não protegidas, é significativo nos grupos etários jovens, apesar do fácil acesso ao tratamento com penicilina.

Em 1961, começa a Guerra Colonial.

Em dezembro do mesmo ano, as possessões portuguesas de Goa, Damão e Diu são invadidas pelo Exército de Jawaharlal Nehru e anexadas à União Indiana.

Em 1961, a divulgação do «Relatório das Carreiras Médicas em Portugal», elaborado pela Ordem dos Médicos, evidencia a preocupante situação do país e a necessidade de reformas urgentes. Além das questões decorrentes do exercício da Medicina pelos médicos recém-licenciados, o Relatório preconiza a integração dos serviços prestadores de cuidados para assegurar a cobertura total da população. João Pedro Miller Guerra (1912–1993) destaca-se à frente do movimento.

Igualmente em 1961, o ministro Henrique Martins de Carvalho cria o Conselho Técnico de Leprologia, junto do Instituto de Assistência aos Leprosos, na dependência técnica da Direção-Geral de Saúde.[92]

Também em 1961, é criada a Direção-Geral dos Hospitais, por proposta do ministro da Saúde e Assistência, Henrique Martins de Carvalho. A nova Direção-Geral tem competências de fiscalização da ação dos estabelecimentos, oficiais ou particulares, que prossigam atividades hospitalares.[93] O jurista Coriolano Ferreira (1916–1996) distingue-se como diretor-geral. É, justamente, considerado o fundador da Administração Hospitalar Moderna, em Portugal. É ele que, em 1968, prepara a nova legislação, designadamente o Estatuto Hospitalar e o Regulamento Geral dos Hospitais.

[91] Em Portugal, o primeiro medicamento contracetivo oral é o *Anovlar*, lançado pela empresa farmacêutica Schering, em 1963.

[92] DL n.º 43 756, de 28 de junho de 1961.

[93] Decreto n.º 43 853, de 10 de agosto de 1961.

Ainda em 1961, o médico Ramiro da Fonseca (1911–1991) é precursor na difusão de programas de saúde pela televisão. Apresenta, regularmente, na RTP *Onde a Ciência Começa* e *Vida Sã em Corpo São*. Recebe o prémio de popularidade atribuído pelo público. Mais tarde, em 1970, escreve o livro *O Médico em Casa*, editado pela Biblioteca Básica Verbo — Livros RTP.

Em 1962, é aprovada a lei sobre o regime de instituições de previdência, incluindo caixas sindicais, Casas do Povo e Casas dos Pescadores, etc.[94]

Em 1962, irrompe a crise estudantil que abala o Governo de Oliveira Salazar. A universidade é ocupada pela Polícia, que faz detenções em massa. O então reitor, Marcello Caetano, demite--se. Jorge Sampaio sobressai como líder natural dos estudantes da Universidade de Lisboa.

Em 1963, é criado o curso de Medicina do Trabalho.

Também em 1963, ocorre a derrocada inesperada das coberturas da estação ferroviária do Cais do Sodré, que provoca 49 mortos e 69 feridos. São manifestas as fragilidades de proteção civil e de socorro em emergência médica.[95]

Neste ano, o Governo manda encerrar as casas de prostituição e acabar com a atividade de prostitutas em público. A nova legislação estipula que «É proibido o exercício da prostituição a partir de 1 de janeiro de 1963». Reconhece, no respetivo preâmbulo, que «a defesa sanitária assegurada pela regulamentação, vistas as coisas de perto, revelou-se ilusória e ineficiente».[96]

Em 1963, é promulgada a Lei de Bases da Saúde e Assistência e dos seus princípios orientadores.[97] A Base IX da Lei estipula que «As atividades de Saúde Pública destinam-se a promover a saúde e a combater preventivamente a doença, e compreendem em especial: *a)* A educação sanitária da população; *b)* O saneamento do meio ambiente; *c)* A higiene materno-infantil, infantil, escolar, da alimentação e do trabalho; *d)* A higiene mental; *e)* A profilaxia das doenças transmissíveis e sociais; *f)* A defesa sanitária das fronteiras; *g)* A hidrologia médica e as estações balneares; *h)* A fiscalização da produção e comércio de medicamentos e a sua comprovação ou verificação da sua eficiência».

[94] Lei n.º 2115, de 18 de junho de 1962.

[95] O desastre do Cais do Sodré ocorre a 28 de maio de 1963, às 16h07, na linha de Cascais.

[96] DL n.º 44 579, de 19 de setembro de 1962.

[97] Lei n.º 2120, de 19 de julho de 1963.

Também em 1963, Salazar cria a Assistência na Doença aos Servidores Civis do Estado (ADSE), sob tutela do Ministério das Finanças.

Em 1963, Gonçalves Ferreira e Silva Graça publicam a «Tabela da Composição dos Alimentos Portugueses»,[98] organizada a partir de resultados de análises químicas e físico-químicas realizadas nos laboratoriais do Instituto Nacional de Saúde Doutor Ricardo Jorge, em Lisboa e no Porto. Constitui um documento de referência com informações rigorosas sobre os alimentos consumidos em Portugal.

Em 1963, Maria Luíza Van Zeller (1906–1983) é nomeada diretora-geral de Saúde, cargo que desempenha até 1971.

Nesse ano, é inaugurada a Ponte da Arrábida sobre o rio Douro, desenhada por Edgar Cardoso. É, justamente, considerada uma obra-prima da engenharia de pontes, tendo o maior arco em betão armado, construído na altura como o maior em todo o mundo.

Em 1965, é lançado o Programa Nacional de Vacinação (PNV), universal, gratuito e de acesso sem barreiras, durante o mandato do ministro Francisco Neto de Carvalho (1921–2017). O Programa, inicialmente, é subsidiado pela Fundação Calouste Gulbenkian. Bem gerido desde o seu começo pela DGS, ao eliminar a poliomielite e ao reduzir a incidência das doenças infecciosas das crianças, adquire grande prestígio em Portugal. No começo, o PNV inclui, para além da imunização contra a varíola, as vacinas da BCG e contra a difteria, tétano, tosse convulsa e poliomielite.

No mesmo ano, 1965, é criado o Centro de Saúde Mental Infantil dirigido por João dos Santos (1913–1987).

Em 1966, é inaugurada a nova ponte sobre o rio Tejo, que recebe o nome de Ponte Salazar e posteriormente de Ponte 25 de Abril.

Em 1967, é criado no Hospital Júlio de Matos, em Lisboa, o Centro de Alcoologia António Flores. Na altura, o alcoolismo já representa um grave problema de Saúde Pública, atendendo à alta prevalência da dependência (então estimada em 6% da população). A nova unidade é destinada à recuperação de doentes.[99]

[98] Novas edições e atualizações da Tabela sucederam-se desde 1963, publicadas pelo Instituto Nacional de Saúde Doutor Ricardo Jorge.

[99] O DL n.º 45 465, de 26 de dezembro, da iniciativa do ministro Neto de Carvalho, estipula que o novo Centro, é construído com fundos doados pela Fundação Calouste Gulbenkian no montante de 4 800 000 escudos.

No mesmo ano, nos subúrbios de Lisboa, ocorrem cheias devastadoras durante a noite de 25 para 26 de novembro, provocadas por chuva intensa. O concelho de Vila Franca de Xira é especialmente atingido. É considerado a zona mais trágica, onde morrem famílias inteiras. Espontaneamente, organiza-se um vasto movimento de solidariedade. As associações de estudantes formam brigadas de socorro e de apoio às populações mais afetadas da Grande Lisboa. Os estudantes da Faculdade de Medicina promovem campanhas para tratamentos de ferimentos (desinfecção, suturas e pensos) e para administração de vacinas antitetânicas destinadas à proteção da população aí residente. São apontadas como causas da tragédia a inexistência de planeamento do território e a falta de normas municipais de gestão urbana. Inexplicavelmente, tinham sido erguidas habitações em linhas de água. Os efeitos da chuva intensa são agravados pela ausência de infraestruturas básicas de saneamento para drenagem de águas pluviais. Segundo números oficiais, as enxurradas provocaram a morte de 462 moradores e a destruição de mais de 1000 casas de habitação.

Em 1967, começam as atividades conduzidas pela Associação para o Planeamento Familiar (APF), que tem como promotores, entre outros, Miller Guerra (1912–1993) e Albino Aroso (1923–2013), ambos médicos, académicos distintos e católicos assumidos. Esta última condição é muito relevante, uma vez que a Igreja continuaria a defender posições conservadoras sobre a reprodução humana, em particular condenando o uso de métodos anticoncecionais como a pílula ou mesmo o preservativo. A obstetra Purificação Araújo junta-se ao movimento a favor da promoção do planeamento familiar.

Também em 1967, Francisco Gonçalves Ferreira lança a 1.ª edição da *Moderna Saúde Pública*, publicada pela Fundação Calouste Gulbenkian. Examina extensamente a evolução da definição de Saúde Pública. Para ele, «A Saúde Pública, no presente, tem como características e objetivo essencial o estudo e a solução dos problemas que condicionam a saúde dos indivíduos integrados no seu meio ambiente, segundo planos e programas coordenados...».

Nesse ano, por iniciativa de Coriolano Ferreira, é criado o Serviço de Utilização Comum dos Hospitais (SUCH).

Em 1968, é aprovado um novo Estatuto Hospitalar.[100]

100 DL n.º 48 357, de 27 de abril.

Ainda em 1968, o ministro Neto de Carvalho (1921–2017)[101] não consegue concretizar a sua intenção de desenvolver a *Medicina Preventiva*, não só por «falta de verbas», mas, sobretudo, por discordâncias internas no seio do Governo. O presidente do Conselho, Oliveira Salazar, demite-o.

Uma vez confirmada a incapacidade de Salazar, a 27 de setembro de 1968, Marcello Caetano, é nomeado como presidente do Conselho, cargo que desempenha até 25 de abril de 1974.

A ORGANIZAÇÃO MUNDIAL DA SAÚDE (OMS)

Durante o Estado Novo, em 1948, Portugal adere formalmente como país-membro de pleno direito à Organização Mundial da Saúde (OMS), criada depois da II Guerra Mundial.[102]

Em 1946, a dissolução do *Office* Internacional de Higiene Pública (OIHP) da Sociedade das Nações dá lugar, a seguir à II Guerra, à Organização Mundial da Saúde, criada no âmbito da ONU, como agência especializada, na sequência da Conferência de São Francisco de 1945. A Constituição da OMS, que foi aprovada na Conferência Internacional de Saúde, em Nova Iorque, em 1946, entrou em vigor a 7 de abril de 1948.[103]

A OMS tem a sede mundial em Genebra, mas é descentralizada em seis regiões, desenhadas mais em função da cultura e das religiões predominantes e menos pela geografia dos continentes. Cada região é governada por uma assembleia, designada como Comité Regional, onde todos os países que integram a respetiva região estão representados, com direito a voto, segundo o sistema de um voto por cada país. É este órgão que elege o diretor regional para mandatos de quatro anos e que aprova os orçamentos regionais. A região Europa tem a sua sede em Copenhaga; a região do Mediterrâneo Oriental no Cairo; África em Brazzaville; as Américas em Washington; o Pacífico Ocidental em Manila; e a Ásia do Sudeste em Nova Deli.

[101] Francisco Neto Carvalho foi ministro da Saúde e Assistência de Salazar, entre 1963 e 1968.

[102] Portugal adere à OMS a 13 de fevereiro de 1948.

[103] O primeiro diretor-geral da OMS foi o médico militar do Canadá, Brock Chisholm (1896–1971), que cumpriu o mandato entre 1948 e 1953.

A Assembleia Mundial da Saúde reúne-se anualmente, no Palácio das Nações, em Genebra. Todas as deliberações são tomadas segundo o mesmo modelo de um país, um voto. Ao contrário do que sucede na ONU, nenhum país tem direito de veto.

Portugal participa ativamente nos trabalhos da Organização, desde a sua fundação. O médico português Francisco Cambournac (1903–1994), ao ser eleito como diretor regional de África por duas vezes, em 1953 e 1958, eleva, simbolicamente, o prestígio da Saúde Pública Portuguesa. Antes de tudo, pela forma como conduziu a eliminação do paludismo em Portugal, mas, também, como ensinou sucessivas gerações de especialistas e, igualmente, como dirigente da Organização Mundial da Saúde, em particular como diretor da região africana. A sua vida foi dedicada às doenças de transmissão vetorial.

Francisco Cambournac não era muito conhecido em Portugal. Dizia-se que Salazar não o apreciava, atendendo aos princípios que preconizava, nitidamente distantes da política colonial do Estado Novo. Quando Francisco Cambournac foi eleito para segundo mandato, em 1958, recebe os votos favoráveis dos novos Estados Independentes.[104] A seguir à II Grande Guerra, logo depois de a Organização Mundial da Saúde ter sido criada, Cambournac foi incumbido de preparar um relatório para propor uma capital de um Estado africano para acolher a instalação da sede regional da OMS. Descrevia com pormenor e com visível orgulho esta sua missão. No final das visitas preparatórias que realizou, apontou Brazzaville, no antigo Congo francês, porque concluiu que era a cidade com padrão de vida mais humanista, onde não existiam sinais chocantes de *apartheid,* ao contrário, por exemplo, de outras grandes cidades anglófonas, como Nairobi. O seu relatório foi decisivo na opção de Brazzaville. A sede foi instalada no alto de uma colina nos arredores da capital. As antigas casas que tinham sido construídas para residência dos engenheiros da barragem que ali os franceses edificaram foram aproveitadas. Para Cambournac, o paludismo constituía o principal problema de Saúde Pública em meio tropical. Sabia tudo sobre

[104] Cambournac tinha o hábito de usar um óculo desdobrável guardado na bolsa destinada ao relógio que as calças antigamente sempre tinham. Ao andar no mato, de quando em vez, parava, puxava da luneta e de muito longe identificava uma ave, um réptil ou uma planta perdida na paisagem. Classificava fauna e flora em géneros, famílias e espécies com os respetivos nomes em latim com a precisão própria de um biólogo eminente.

artrópodes vetores, sobre as espécies dos protozoários agentes da doença e sobre os aspectos clínicos de prevenção e tratamento. Tal como ele, à época, muitos dirigentes da OMS eram paludólogos, nomeadamente o brasileiro Marcolino Gomes Candau (1911–1983), que foi diretor-geral da OMS entre 1953 e 1973 e com quem Francisco Cambournac trabalhou de perto.[105]

Outro médico português que, nos primeiros anos da OMS, assume destaque, como funcionário internacional da OMS, é José Cutileiro (1911–1956), que, nessa qualidade, é colocado no Afeganistão (1951).

O médico dinamarquês Halfdan Mahler (1923–2016) é eleito diretor-geral por três mandatos sucessivos entre 1973 e 1988. Com ele, o conceito de Saúde Pública evolui, ao introduzir a importância do desenvolvimento socioeconómico na saúde das populações.

PANDEMIAS DE GRIPE DE 1957 E 1968

Em 1953, Arnaldo Sampaio cria o Centro Nacional da Gripe, que funciona junto ao Instituto Doutor Ricardo Jorge. O novo centro trabalha em articulação com o Centro Mundial de Londres. Laura Ayres (1922–1992) distingue-se como virologista.

Em 1957, a gripe asiática é a primeira pandemia que surge, prevista por antecipação, como resultado do sistema de vigilância da OMS. Inicia-se no Hemisfério Sul e só depois se propaga para o Norte. Sem qualquer comparação com a pandemia de 1918, em termos de magnitude e gravidade, a gripe provocada pela subtipo A(H2N2) mobilizou a atenção de especialistas da Direção-Geral de Saúde e do Centro Nacional da Gripe.

Em Portugal, os primeiros casos são diagnosticados em agosto, importados a partir do vapor *Moçambique*, que atraca em Lisboa a 9 de agosto e que tem, a bordo, tripulantes e passageiros doentes. O pico da

[105] Em 1978, Francisco Cambournac foi distinguido pela OMS com o Prémio da Fundação Leon Bernard pelos contributos que deu para a prevenção e controlo das doenças endémicas tropicais e pela forma como ajudou a erguer a OMS em África, certamente a mais necessitada de todas as regiões no domínio da Saúde. Recebeu ainda a «Ordem da Agulha Bifurcada», em virtude dos trabalhos prestados relacionados com a erradicação da varíola do mundo.

onda epidémica verifica-se na segunda semana de outubro. A taxa de ataque é de 20%. A referida vaga, ao coincidir com a abertura do ano escolar, motiva o encerramento de todas as escolas como medida preventiva.

As notícias de absentismo nas empresas, dificuldades no funcionamento dos transportes públicos e a pressão dos hospitais sobrelotados, devido à gripe «asiática», enchem os jornais diários da época.

Lisboa, no outono de 1957, é uma cidade diferente.

Arnaldo Sampaio, Melo Caeiro e Laura Ayres descrevem a epidemia que adquire maior expressão em famílias pobres e menor incidência em famílias de altos rendimentos.

As análises laboratoriais identificam que o vírus da gripe «asiática» é da estirpe A/Sing/1/57, que depois é classificada como A(H2N2), que, pela primeira vez, circula em Portugal.[106]

Em 1968, a pandemia de Hong Kong que se segue à emergência do vírus da gripe A(H3N2) não assume expressão preocupante. Na altura, a médica Maria Luísa Van Zeller é diretora-geral de Saúde, cargo que desempenha entre 1963 e 1971, mas é Arnaldo Sampaio que assume a liderança dos assuntos relacionados com a pandemia.

O vírus emergente, implicado na pandemia de Hong Kong, é do subtipo A(H3N2), que, depois, continua, a circular sob a forma sazonal, durante as semanas frias do ano, até à atualidade.[107] A OMS admite que o seu aparecimento, em 1968, seja resultado de um processo de *antigenic shift*. A vacina então produzida fica apenas disponível depois de ultrapassado o pico da atividade epidémica, em muitos países.

A REFORMA DE MARCELLO CAETANO

Em 28 de fevereiro de 1969, ocorre um forte abalo sísmico com a magnitude de 7,9 da escala de Richter que atinge a região de Lisboa e o sul do continente, provocando 13 vítimas mortais e o pânico generalizado.

[106] O subtipo A(H2N2) resulta de um processo de recombinação genética que integra três genes de origem aviária e cinco do subtipo H1N1, que começa a circular em seres humanos a partir de 1918.

[107] O vírus A(H3N2) é composto por dois genes de origem aviária, incluindo novas proteínas H3 e N2 (sublinhe-se que a neuraminidase N2 é a do vírus H2N2 de 1957).

Em 1969, o Ministério da Saúde e Assistência decide implementar «providências profilácticas especiais» para combater o bócio endémico em Oleiros e outras áreas da Beira Baixa, devidamente identificadas por portaria.[108] As medidas incluem o fornecimento e consumo de sal iodado destinado às populações mencionadas. A endemia é descrita e a sua natureza analisada por Fernando Dias de Carvalho e José Lopes Dias.[109] São eles que, entre 1963 e 1966, desenvolvem os trabalhos científicos de campo no concelho de Oleiros e terras limítrofes. Além de bócio, identificam casos de hipotiroidismo e de cretinismo. Formulam propostas de correção que, depois de implementadas, são avaliadas periodicamente. A medida principal é a distribuição de sal iodado na percentagem de 20 miligrama de iodeto de potássio por quilograma de sal. Em 1977, após estudo de avaliação, consideram que a endemia está erradicada.

A 20 de julho de 1969, no mesmo dia da alunagem da *Apollo 11*, o cirurgião Linhares Furtado faz o primeiro transplante renal em Portugal, com dador vivo, nos Hospitais da Universidade de Coimbra. É uma intervenção pioneira na área da transplantação de órgãos, que inaugura uma história de sucesso em Portugal. Neste processo, entre outros, destacam-se: Queiroz e Melo (1986), Manuel Abecassis (1987) e João Pena (1992), respetivamente nos primeiros transplantes de coração, medula óssea e fígado.

Em outubro de 1969, os candidatos da oposição a Marcello Caetano publicam o Programa Político da Comissão Democrática Eleitoral de Lisboa (CDE), que propõe a criação de «Um Serviço Nacional de Saúde, unificado, o que quer dizer uma racionalização e aproveitamento das disponibilidades e dos recursos atualmente dispersos, de forma a obter um novo clima gerido pelos atuais conceitos e estruturas técnicas dos Estados modernos e pelos direitos inalienáveis dos doentes que não podem mais estar sujeitos às arbitrariedades, erros e demagogia de um Governo que os não representa».[110]

[108] DL n.º 49 271, de 27 de setembro de 1969, e Portaria n.º 338/70, de 4 de julho.

[109] Identificaram, na amostra estudada de 10 441 habitantes, 4533 casos de bócio. As análises realizadas indicam que a etiologia é a falta de iodo na água, leite e nos alimentos de origem local.

[110] Entre outros, Jorge Sampaio e Francisco Pereira de Moura são candidatos da CDE, em Lisboa. Mário Soares lidera a outra lista da oposição: CEUD.

Em 1969, Francisco Gonçalves Ferreira e Cayolla da Motta publicam o volume *Estatística para Médicos de Saúde Pública.*[111]

Também em 1969, irrompe a crise académica, em Coimbra, no seguimento da recusa do então presidente da República em conceder a palavra ao presidente da Associação Académica durante a cerimónia solene de inauguração do Edifício das Matemáticas. Segue-se um período de repressão policial. Em resposta, marcada sempre por atitudes pacíficas, os estudantes fazem greve aos exames.

Em 1970, inicia-se o curso de especialização de administradores hospitalares na Escola Nacional de Saúde Pública.

No mesmo ano, é criado o Gabinete de Estudos e Planeamento da Saúde, que tem como primeiro diretor Arnaldo Sampaio.

A população portuguesa diminui para 8 668 000 habitantes, em especial devido à emigração.

Apesar das dificuldades decorrentes da situação política, Marcello Caetano pretende mudar a saúde em Portugal. Em 1970, os médicos Baltazar Rebelo de Sousa (1921–2002) e Gonçalves Ferreira (1912–1994) assumem essa vontade política, respetivamente como ministro e secretário de Estado da Saúde. Então, pela primeira vez, uma mulher é nomeada como membro do Governo, mas apenas como subsecretária de Estado de Saúde e Assistência. É a jurista Maria Teresa Lobo (1929–2018), que assume o cargo na equipa de Baltazar Rebelo de Sousa.

Sem demoras, viriam a criar novos centros de saúde, planeados para funcionarem um em cada concelho do país. As novas unidades têm como foco principal o desenvolvimento de cuidados de proteção materno-infantil e de promoção da higiene do meio. São designadas como «centros de saúde concelhios», dirigidos, por inerência, pelo médico que exerça as funções de delegado de saúde no respetivo concelho. Os novos centros, organizados em valências, dispõem de uma pequena equipa que se ocupa de ações educativas e de ensinos no âmbito da proteção materno-infantil, a cargo de enfermeiras e de auxiliares de Saúde Pública, especialmente preparadas para tal.[112]

Se bem que aplaudida pelos seus autores e enaltecida pelos dirigentes da DGS e da ENSP, a reforma de 1971 é incompleta ao não incluir a

[111] Porto, Sopime Edições, 1969.

[112] A reforma de 1971 tem por base dois diplomas: o DL n.º 413/71, de 27 de setembro, e o DL n.º 414/71, de 27 de setembro.

componente curativa, representada pelos «postos» dos Serviços Médico-Sociais. Nesta fase, não há, portanto, alterações no funcionamento dos Serviços Médico-Sociais das Caixas de Previdência, que permanecem isolados dos novos centros de saúde e que continuam a prestação de cuidados na vertente curativa.[113]

Neste contexto reformista, o ensino de Enfermagem é desenvolvido. São criadas escolas de enfermagem em Bragança, Coimbra, Faro, Portalegre, Viseu e, no ano seguinte, organizadas em Beja, Leiria, Santarém, Setúbal e Viana do Castelo.

É também criada a Direção de Serviços de Farmácia e Medicamentos da Direção-Geral de Saúde.

A seguir a Maria Luísa Van Zeller, que desempenha o cargo de diretora-geral de Saúde entre 1963–1971, é nomeado Cristiano Nina (1907–1994) que exerce as funções de diretor-geral até 1974. Arnaldo Sampaio sucede-lhe. É o diretor-geral da transição para o tempo democrático. Figura carismática, um dos seus filhos viria a ser eleito para dois mandatos como presidente da República, entre 1996 e 2006, e o outro assume elevada notoriedade como especialista em Psiquiatria.[114]

Em 1971, ocorre uma epidemia de cólera na capital, limitada à Grande Lisboa. São identificados relativamente poucos casos e com baixa letalidade.[115]

No ano seguinte, estão concluídas as obras dos novos edifícios, ao Lumiar, do Instituto Nacional de Saúde Doutor Ricardo Jorge e da Escola Nacional de Saúde Pública, que funcionam, ambas, como instituições dependentes do Ministério da Saúde. O Instituto Nacional de Saúde está centrado na investigação e assume-se como laboratório de referência, e a Escola, na formação, pós-graduada, de quadros da saúde.

Em 1972, é inaugurado o Laboratório de Virologia do Instituto Português de Oncologia de Lisboa Francisco Gentil (IPOLFG). O investigador António Terrinha (1936–1993) lidera uma equipa multidisciplinar que mantém atividade pioneira nos estudos sobre vírus oncogénicos,

[113] A integração dos serviços, nas dimensões curativa e preventiva, viria a acontecer, apenas, depois da Revolução de 1974.

[114] Daniel Sampaio é, igualmente, sócio-fundador da Sociedade Portuguesa de Saúde Pública.

[115] À OMS são notificados 89 casos de cólera.

além de outras áreas da Virologia Médica. Nesse ano, a Microscopia Eletrónica permite «ver o que nunca tinha sido visto».[116]

Em 1973, o Ministério da Saúde fica autónomo em relação à Assistência, que migra para o Ministério das Corporações e Segurança Social. Clemente Rogeiro (1921–2010) é nomeado ministro da Saúde.

Igualmente em 1973, a Direção-Geral de Saúde promove uma vasta campanha que visa a vacinação contra o sarampo de todas as crianças entre 1 e 4 anos de idade. No ano seguinte, a vacina é incorporada no Programa Nacional de Vacinação, administrada em dose única entre os 12 meses e os 24 meses de idade.

OBSERVAÇÃO FINAL SINÓPTICA

A estabilidade governativa e a acentuada ruralidade do país são constantemente exaltadas pelo Secretariado da Propaganda Nacional, criado para o efeito por Salazar em 1933.

O regime do Estado Novo (1926–1974), que proclama a neutralidade durante a II Guerra Mundial, é confrontado com a Guerra Colonial, nas três frentes de Angola, Moçambique e Guiné-Bissau, geradora de crise económica e social insustentável.

Em 1950, a situação de saúde do país é espelhada pela elevada taxa de mortalidade infantil de 94,1 por mil nascimentos vivos nesse ano, a que correspondem 19 308 óbitos infantis. Por outras palavras, quase uma em cada dez crianças que nascem vivas tem a probabilidade de não atingir o final dos primeiros 12 meses de vida.

Porém, a Saúde Pública conhece indiscutível desenvolvimento com Marcello Caetano, Baltazar Rebelo de Sousa e Gonçalves Ferreira. A Lei Orgânica de 1971, ao criar o Gabinete de Estudos e Planeamento, revela, pela primeira vez, atenção à função de planeamento no âmbito do Ministério da Saúde. Mas os indicadores principais, como a mortalidade infantil, em 1973, continuam a refletir o atraso do país.[117]

[116] Expressão de Manuel Sobrinho Simões, referindo-se à ultraestrutura morfológica de um vírus, no âmbito das comemorações do cinquentenário do Laboratório de Virologia do IPOLFG, em 2022.

[117] Em 1973, a taxa de mortalidade infantil é de 44,8 por mil nascimentos vivos.

Muitas das intenções destinadas à proteção da saúde da população, então proclamadas, não são implementadas. A demagogia é manifesta, tanto nos discursos como na ação legislativa, ocupando considerável espaço político.

No final do Estado Novo, 1/3 da população é abastecida de água por poços e 2/3 não dispõe de recolha de lixo. As desigualdades das condições de vida entre Litoral e Interior são marcantes: 92% dos médicos de clínica geral exercem nas localidades litorais e apenas 8% nas províncias periféricas.

Em comparação com a Europa, Portugal é um país atrasado no plano do desenvolvimento sócio-económico.

3. A REVOLUÇÃO DE 1974 E O REGIME CONSTITUCIONAL DE 1976

CRONOLOGIA

Em 1974, a situação de saúde de Portugal é retratada por indicadores muito preocupantes, que colocam o país em posição inferior ao nível europeu. Por isso, o Movimento das Forças Armadas atribui à Saúde Pública atenção principal no programa que confia ao Governo Provisório, que prevê o «Lançamento das bases para a criação de um serviço nacional de saúde ao qual tenham acesso todos os cidadãos».[118]

Registam-se novas epidemias de cólera em 1974 e 1975. Arnaldo Sampaio lidera os trabalhos de controlo com apoio de António Lobato Faria (1933–2001) e explica nos órgãos de comunicação social a sua génese, ao mesmo tempo que transmite conselhos à população sobre prevenção e controlo da epidemia. No conjunto, há mais de 2500 casos de cólera, com dezenas de mortos. No distrito do Porto ocorrem, até 1 de outubro, 1023 casos de doença, e em Lisboa 643. O surto é provocado pelo vibrião *El Tor, serotipo Inaba* (então endémico em Angola).

Na altura, a taxa de mortalidade infantil é de 44,8 por mil nascimentos vivos (precisamente quatro vezes superior à da Suécia) e a esperança

[118] DL n.º 203/1974, de 15 de maio.

de vida ao nascer é de 64,7 anos para homens e 71,1 para mulheres (inferior em cerca de sete anos em relação à Suécia).

Em Portugal, 76% dos portugueses morrem com 55 ou mais anos (na Suécia essa proporção cresce para 88%). O panorama da saúde é, no ano da Revolução, assim espelhado de forma sintética: um quarto da população não atinge os 55 anos de idade.

Os portugueses morriam cedo, tinham esperança de viver mais curta do que noutros países europeus e viviam com pouca qualidade.

É o tempo da tuberculose, das diarreias agudas e do sarampo, mas, igualmente, dos problemas de saneamento. Apenas 25% da população é servida por sistema de abastecimento de água em boas condições; só 10% dispõe de rede de esgotos em bom funcionamento e unicamente 20% das habitações estão equipadas com cozinha, retrete e casa de banho.[119]

Portugal de 1974, pobre, com muitos analfabetos, sem infraestruturas de saneamento básico, com a sua capital confrontada com epidemia de cólera, com elevada taxa de mortalidade infantil, com desigualdades no acesso a cuidados médicos, com o sistema de saúde centrado em hospitais mal equipados e quase todos dependentes das Misericórdias, consegue, em poucos meses, com sucesso indiscutível, construir os alicerces do futuro Serviço Nacional de Saúde.[120]

Ainda em 1974, a Secretaria de Estado da Saúde edita um volume intitulado *Subsídios para o Lançamento das Bases do Serviço Nacional de Saúde*, que recebe contributos de muitos sectores da população, incluindo da área médica e académica, mas, igualmente, de partidos políticos, sindicatos e de numerosas associações. Dir-se-ia que a sociedade civil[121] se auto-organiza para participar na construção política de um novo modelo de organização dos serviços de saúde.

O último quartel da centúria de 900 assiste à admirável mudança da situação de saúde portuguesa, que surpreende pela rapidez, traduzida pela melhoria dos indicadores de saúde.

[119] Dados oficiais do inquérito do Ministério das Obras Públicas de 1970.

[120] Em 1974, apenas 58% da população tem algum tipo de seguro social para aceder a cuidados de saúde.

[121] Sociedade civil, considerada como a faixa existente, organizada, que se situa entre o topo da Administração Pública e a população.

Durante os Governos Provisórios, o major médico da Força Aérea Carlos Cruz de Oliveira, como titular da pasta da Saúde, cria o mecanismo integrador de instituições, ao nível local, designado por Comissão Integradora dos Serviços de Saúde Locais (CISSL). Os hospitais das Misericórdias passam a integrar a rede do Estado e, neste novo quadro, passam a fazer parte da CISSL.

Em junho de 1975, também por iniciativa de Cruz Oliveira, entra em funcionamento, pela primeira vez, o Serviço Médico à Periferia para médicos recém-formados que desejam prosseguir a carreira do Internato.[122]

Em 1975, são criadas as administrações distritais dos serviços de saúde que integram «os estabelecimentos e serviços de saúde oficiais do distrito, com todos os seus direitos e obrigações».[123]

No verão de 1975, Francisco Pereira de Moura, como ministro dos Assuntos Sociais, alarga o receituário reservado às Caixas de Previdência a todos os serviços públicos, como primeira medida integradora.

Arnaldo Sampaio e Lopes Dias (DGS) contam com o apoio do corpo docente da Escola Nacional de Saúde Pública e de enfermeiras de Saúde Comunitária, no processo de implementação de mudança que o Programa do MFA e as medidas dos Governos Provisórios impulsionam.

O internista dos Hospitais Civis de Lisboa Manuel Souto Teixeira e o especialista em Saúde Pública Constantino Sakellarides destacam-se no apoio às reformas preconizadas pelo Movimento das Forças Armadas e desenvolvidas com inquestionável sucesso. O jurista António Correia de Campos está presente. Participa com contributos avisados, quer em reuniões académicas, quer políticas, quer de carácter associativo. É uma voz respeitada em Saúde Pública.

Os Governos Provisórios têm uma duração limitada, desde 16 de maio de 1974 até 22 de setembro de 1976. Neste curto período, sucederam-se dois presidentes da República, três primeiros-ministros, seis ministros dos Assuntos Sociais e seis secretários de Estado da Saúde. Em poucos meses, e apesar da brevidade de cada um dos mandatos dos seis Governos Provisórios, a Saúde Pública muda. É diferente, entre o antes e depois.

[122] O Serviço Médico à Periferia, primeiro criado por despacho de Cruz Oliveira em 1975, viria a ser instituído no ano seguinte pelo Decreto-Lei n.º 580/76, de 21 de julho.
[123] DL n.º 488/75, de 4 de setembro.

Em Lisboa, Álvaro Carvalho e João Falcato; no Norte, Pinho da Silva, Amílcar Ribeiro, Sobrinho Simões, Carlos Pinho, Rosalvo de Almeida e António Leuchner; e em Coimbra, Dário Costa, Ferreira Lopes, Fernando Martinho, Fernando Gomes, José Meireles, Jorge Seabra, além de muitos outros, participam ativamente nos processos de mudança.

Na Direção-Geral de Saúde, no Instituto Nacional de Saúde Doutor Ricardo Jorge e na Escola Nacional de Saúde Pública, os programas são impulsionados ou liderados, ao nível central, por Arnaldo Sampaio, Lopes Dias, Aloísio Coelho, Coriolano Ferreira, Melo Caeiro, Leonel Barreira, Amélia Leitão, Fernanda Navarro, Manuela Santos Pardal e António Lobato Faria.

Nas grandes mudanças alcançadas ao longo dos anos que se seguiram a 1974, foi importante a participação de enfermeiras, designadamente de Ione Filipe Pinto, Maria Alcina Fernandes, Marta Lima Basto, Mariana Diniz de Sousa, Rosário Horta e Marília Freitas, entre outras.

Em 1975, António Lobato Faria (1933–2001) edita dois volumes sobre proteção ambiental que constituem ferramentas indispensáveis para o trabalho de campo. Lobato Faria é uma figura marcante. Engenheiro civil pelo Instituto Superior Técnico (IST), conclui o mestrado em Engenharia de Saúde Pública no *Imperial College* de Londres (1967) e o doutoramento em Engenharia Hidráulica, em 1970. As suas intervenções e lições são cativantes. Lobato Faria participa em numerosas reuniões nacionais e internacionais sobre questões ambientais relacionadas com a Saúde Pública. É diretor da Escola Nacional de Saúde Pública entre 1986 e 1989.

Em 1975, o Instituto de Assistência Nacional aos Tuberculosos (IANT) é integrado na Direção-Geral de Saúde (DGS) e os seus serviços centrais passam a constituir um serviço da DGS designado Serviço de Luta Antituberculosa (SLAT).[124]

Ainda em 1975, o antigo secretário de Estado de Marcello Caetano, o reformador Francisco Gonçalves Ferreira, escreve uma «amarga» carta aberta a Cruz de Oliveira, que é publicada em livro que edita neste ano. Gonçalves Ferreira tudo critica, incluindo a evolução da epidemia de cólera, que «mostra que o Governo tomou medidas desacertadas, ou

[124] DL n.º 260/75, de 26 de maio.

adiou as medidas que eram necessárias, com prejuízo e risco crescente da população».[125]

Ainda durante os Governos Provisórios, Francisco Costa Gomes (1914–2001) e Vasco Gonçalves (1921–2005) promovem o processo de descolonização, apoiados pelo Conselho da Revolução e pelo Governo Provisório, nomeadamente por Ernesto Melo Antunes (1933–1999) e por António Almeida Santos (1926–2016), interpretando o sentimento da maioria da população, confirmam o reconhecimento da independência da Guiné-Bissau e depois das restantes colónias. O Instituto de Apoio ao Retorno de Nacionais (IARN), criado em 1975, tem um papel integrador notável.

Em 1975, a seguir à proclamação de independência das antigas colónias africanas portuguesas, organizam-se formas de apoio aos sistemas de saúde, sobretudo no começo, no âmbito da sociedade civil e depois pelo Estado.

Muitos médicos, enfermeiros e farmacêuticos, entre outros especialistas, na base do voluntariado, decidem estabelecer mecanismos informais de cooperação técnica.

O Sindicato dos Médicos, que, temporariamente, «dissolve» a Ordem dos Médicos, logo em 1974, promove missões de curta duração constituídas por equipas médicas pluridisciplinares, em especial à Guiné-Bissau, a primeira ex-colónia a proclamar a independência.

A cooperação técnica passa a ser considerada uma atividade de reconhecida importância estratégica, organizada pelos serviços oficiais de diferentes ministérios, incluindo pelo sector da Saúde.

Francisco Cambournac continua a integrar missões em África para assessorar os novos governantes e formar técnicos na área das doenças tropicais endémicas.

A partir de 1976, tem início um vasto programa de cooperação no quadro das relações bilaterais de Portugal com os novos Estados africanos lusófonos.

Igualmente em 1976, é instituído o Centro de Estudos de Profilaxia da Droga (CEPD), na perspetiva do desenvolvimento da prevenção, terapêutica e inserção social de pessoas toxicodependentes.

[125] Na altura, as duras críticas de Gonçalves Ferreira, provavelmente porque são formuladas por um governante de Marcello Caetano, não tiveram impacto público.

No mesmo ano, é criado o Instituto de Assistência aos Doentes de Hansen, na dependência da Direção-Geral de Saúde.[126]

É neste período que é fundado o Movimento de Saúde Comunitária, impulsionado, entre outros, por António Melich Cerveira (1924–2007), António Correia de Campos, Fernando Vasco Silva Marques, Beatriz Lamas de Oliveira, Maria José Albuquerque e António Salvado. O espírito do Movimento é estendido aos novos centros de saúde. Os médicos Pinho da Silva e Carlos Daniel, no Norte, e António Cardoso Ferreira, no Baixo Alentejo, destacam-se como dinamizadores e organizadores respeitados.

A Constituição da República de 1976 consagra o direito à proteção da saúde nos termos que o artigo 64.º estipula:

> 1. Todos têm direito à proteção da saúde e o dever de a promover. 2. O direito à proteção da saúde é realizado: *a)* Através de um serviço nacional de saúde universal e geral e, tendo em conta as condições económicas e sociais dos cidadãos, tendencialmente gratuito; *b)* Pela criação de condições económicas, sociais, culturais e ambientais que garantam, designadamente, a proteção da infância, da juventude e da velhice, e pela melhoria sistemática das condições de vida e de trabalho, bem como pela promoção da cultura física e desportiva, escolar e popular, e ainda pelo desenvolvimento da educação sanitária do povo e de práticas de vida saudável. 3. Para assegurar o direito à proteção da saúde, incumbe prioritariamente ao Estado: *a)* Garantir o acesso de todos os cidadãos, independentemente da sua condição económica, aos cuidados da medicina preventiva, curativa e de reabilitação; *b)* Garantir uma racional e eficiente cobertura de todo o país em recursos humanos e unidades de saúde; *c)* Orientar a sua ação para a socialização dos custos dos cuidados médicos e medicamentosos; *d)* Disciplinar e fiscalizar as formas empresariais e privadas da medicina, articulando-as com o serviço nacional de saúde, por forma a assegurar, nas instituições de Saúde Públicas e privadas, adequados padrões de eficiência e qualidade; *e)* Disciplinar e controlar a produção, a distribuição, a comercialização e o uso dos produtos químicos, biológicos e farmacêuticos e outros meios de tratamento e diagnóstico; *f)* Estabelecer políticas de prevenção e tratamento da toxicodependência. 4. O serviço nacional de saúde tem gestão descentralizada e participada.

[126] DL n.º 547/76, de 10 de julho.

O articulado constitucional é, assim, claro no sentido de equacionar direitos e deveres, bem como ao determinar que o direito à proteção da saúde é incumbência prioritária do Estado.

Em 1976, é criado o Instituto Nacional de Investigação Científica. Miller Guerra é nomeado presidente.

A partir de 1976 e 1977, a Noruega, através da NORAD[127], apoia a edificação de centros de saúde em Portugal, designadamente em Lisboa (Sete Rios) e no distrito de Vila Real. Então, Nuno Grande, no Norte, e Constantino Sakellarides, em Lisboa, acompanham o Programa de Cooperação Norueguês.

Em 1977, o I Governo Constitucional, liderado por Mário Soares, reorganiza os Serviços Médico-Sociais da Previdência, que «são transferidos para a Secretaria de Estado da Saúde, tendo em vista a sua integração no futuro Serviço Nacional de Saúde».[128]

Nesses anos, em Lisboa, Constantino Sakellarides dirige o Centro de Saúde Sofia Abecassis, onde introduz uma organização que se distingue pela inovação e dinamismo.[129]

No mesmo ano de Alma-Ata, em 1978,[130] toda a população portuguesa tem acesso assegurado aos serviços de saúde, de natureza pública e a todos os níveis, em resultado das sucessivas reformas que são decretadas desde 1974. Apesar da multiplicidade de Governos que se substituem uns aos outros, há como fio condutor garantir acesso universal à saúde. A evolução é notável: em 1978, cada habitante é, em média, atendido 2,4 consultas por ano em serviços públicos (quando, em 1970, não ia além de 1,7 atendimentos); em 1978, há 21 784 480 dias de hospitalização (quando em 1970 eram apenas 13 948 733).

Em 1978, a Conferência de Alma-Ata organizada pela OMS e pela UNICEF introduz um novo conceito de Saúde Pública, ao acentuar a importância dos aspectos sociais e económicos, bem como a intervenção de outros sectores e departamentos do Estado nas políticas de saúde, além do sector da Saúde. Considera os cuidados primários «o primeiro

[127] Agência Norueguesa para o Desenvolvimento Internacional.

[128] DL n.º 17/77, de 12 de janeiro.

[129] Constantino Sakellarides é apoiado por João dos Santos no Centro Sofia Abecassis, designadamente na área da higiene mental das crianças. Na equipa de enfermagem destaca-se Rosélia Ramos.

[130] A então capital do Cazaquistão (URSS).

nível de contactos dos indivíduos, da família e da comunidade com o Sistema Nacional de Saúde, aproximando o mais possível os cuidados de saúde dos lugares onde as pessoas vivem e trabalham e constituem o primeiro elemento dum processo ininterrupto de proteção sanitária».[131]

Os resultados de Alma-Ata influenciaram as políticas públicas de saúde em todo o mundo. Em Portugal, levaram o Governo, se bem que transitoriamente, a transformar a Direção-Geral da Saúde em Direção-Geral dos Cuidados de Saúde Primários, por proposta de António Maldonado Gonelha aprovada em 1984.[132]

Apesar de críticas sobre a difícil perceção do conceito de cuidados primários, a Declaração de Alma-Ata, tida como um processo, representa um sucesso inquestionável. O diretor-geral da OMS, Halfdan Mahler, marca a evolução do conceito filosófico de Saúde ao salientar a importância da liderança.[133] Durante os trabalhos em Alma-Ata, os lusófonos Hélder Martins, de Moçambique, e Manuel Boal, da Guiné-Bissau, proferiram relevantes intervenções e testemunhos no sentido de a cobertura em cuidados de saúde não gerar desigualdades, nem entre cidade e meio rural, nem entre países industrializados e em desenvolvimento, nomeadamente africanos.

A partir de 1978 e 1979, são lançadas grandes obras de construção de sistemas de saneamento básico que se estendem progressivamente a todas as freguesias do país. Estações de tratamento de água (ETA) e de águas residuais (ETAR), tal como o tratamento de resíduos sólidos, são, desde então, prioridades em todos os municípios.

Em Portugal, na Escola Nacional de Saúde Pública, Arnaldo Sampaio, Lopes Dias e Gonçalves Ferreira ensinam a evolução do conceito de Saúde Pública, exaltando a importância dos contributos convergentes de outros sectores e departamentos do Estado. Preparam a implementação da Declaração de Alma-Ata, aprovada na conferência internacional, promovida conjuntamente pela OMS e UNICEF.

131 Extrato da Declaração de Alma-Ata de 1978.

132 Decreto-Lei n.º 74-C/84, de 2 de março.

133 Neste quadro, Mahler cria a iniciativa «CHEFES DE FILA», como símbolo de liderança: nome dado ao corredor de uma equipa de ciclismo que, dentro da própria equipa, manda avançar este ou aquele ciclista para a meta volante, para a meta da montanha ou para o final da prova. É quem decide, mas não é ele que ganha.

Em 1978, o jurista António Arnaut, como ministro dos Assuntos Sociais, e o médico Mário Mendes, como secretário de Estado da Saúde, durante o II Governo Constitucional de Mário Soares, lançam, em antecipação, o Serviço Nacional de Saúde,[134] inspirado no modelo inglês, que viria a ser aprovado no ano seguinte pela Assembleia da República.[135]

À época, a situação sanitária do país continuava com muitos problemas. Arnaut, na sessão parlamentar de 16 de maio de 1979, cita a elevada taxa de mortalidade infantil de 35 por mil; 15% de partos sem assistência; 30% de analfabetos; 40% das casas sem esgoto; 32% da população abastecida por água de poços; 61% da população sem recolha de lixos urbanos. A seguir, denuncia as diferenças da distribuição de recursos entre o Litoral e o Interior, como, por exemplo, que 92,5% dos médicos de clínica geral trabalham na região litoral, contra 7,5% no resto do país.

Nos termos da nova lei[136], é o Orçamento do Estado que assegura o financiamento do Serviço Nacional de Saúde para permitir o acesso gratuito no momento da prestação. Essa aparente «gratuitidade» baseia-se no pressuposto de que as famílias de altos rendimentos pagam mais impostos do que as famílias carenciadas e, portanto, a diferença é a montante da prestação do cuidado. Isto é, todos pagam impostos que financiam o SNS, mas uns mais e outros menos, em função dos seus rendimentos.

A construção da rede oficial do SNS, durante os primeiros cinco anos, traduz-se por um quase permanente ambiente reformista dependente dos programas dos sucessivos Governos constitucionais e dos respetivos titulares da pasta da Saúde. O V Governo é presidido por Maria de Lourdes Pintasilgo (1930–2004). Tem uma curta duração de cinco meses. Apesar disso, é este o Governo que regulamenta a Lei de Bases, incluindo a criação do Departamento dos Recursos Humanos e do Departamento de Gestão Financeira.[137] Sucedem como primeiros-

[134] Despacho ministerial de 29 de julho de 1978 que antecipa a Lei n.º 56/79, de 15 de setembro, que cria o SNS.

[135] Lei n.º 56/79, de 15 de setembro.

[136] António Arnaut é, então, vice-presidente da Assembleia da República. Nesta condição, é ele a ocupar a presidência, em exercício, da sessão de 28 de junho de 1979 que aprova a Lei do SNS, como homenagem à luta que conduzira como ministro dos Assuntos Sociais do Governo anterior.

[137] DL n.º 513-V/79, de 27 de dezembro.

-ministros Sá Carneiro, Freitas do Amaral[138], Pinto Balsemão, até Mário Soares regressar, entre 1983 e 1985.

Ao conseguir, primeiro, a aprovação da Lei do SNS e depois, a sua implementação, Arnaut torna-se um símbolo. É o principal arquiteto que está na origem do orgulho coletivo que os indicadores de saúde passam a representar e fazem alcandorar Portugal para os lugares mais cimeiros do *podium* do *ranking* de países ao nível mundial. É, justamente, alvo de inúmeras homenagens.

No mesmo período, em 1978–1979, é estabelecida a primeira Comissão de Controlo de Infecção, no Hospital de Torres Vedras. No ano seguinte, a Direção-Geral dos Hospitais emite uma circular a institucionalizar as Comissões de Controlo de Infecção (CCI) em todas as unidades de saúde.

Em 1979, tem início o rastreio neonatal, gratuito, para determinadas doenças raras, hereditárias e metabólicas, que beneficiam de diagnóstico e terapêutica precoces. No âmbito do Programa Nacional de Rastreio Neonatal, desde então, o «teste do pezinho» é um êxito, antes de mais, pela cobertura que alcança de quase 100% dos recém-nascidos, apesar de não ser obrigatório. O programa, desenvolvido e gerido pelo Instituto Nacional de Saúde Doutor Ricardo Jorge, inicialmente focado no diagnóstico da fenilcetonúria, alarga-se, mais tarde, a muitas outras doenças raras.[139]

Em 1980, o INE promove o primeiro inquérito à fecundidade, em Portugal, no quadro do Inquérito Mundial à Fecundidade.

Também em 1980, por iniciativa do médico Jacinto Magalhães, é inaugurado o Instituto de Genética Médica do Porto.[140]

Ainda em 1980, Francisco Gonçalves Ferreira publica *Alimentação, Nutrição e Saúde*, na Biblioteca Ciência-Progresso-Cultura, por ele mesmo dirigida, que antecede a edição pela Fundação Calouste Gulbenkian da sua obra intitulada *Nutrição Humana*.

Também em 1980, ocorre novo terramoto nos Açores, especialmente nas ilhas Terceira e São Jorge, provocando 71 vítimas mortais e 400 feridos, para além de 15 mil desalojados, pela devastação que origina.

[138] Assume transitoriamente as funções de primeiro-ministro depois da morte de Sá Carneiro.

[139] A partir de 2004, a aquisição do equipamento *Tandem Mass* permite diagnosticar 26 doenças raras em recém-nascidos, das quais 25 têm origem genética.

[140] Depois, toma o nome de Instituto Jacinto Magalhães.

Em 1981, é aprovada a carreira de Enfermagem.

Em 1981, em Portugal, residem 505 mil pessoas regressadas das antigas colónias africanas, atendidas no SNS.

É por esta altura que a Saúde Ambiental assume nova dimensão, que substitui a antiga ideia de «sanitarismo». Está mais presente em Saúde Pública. É definida pela OMS como «abrangendo os aspectos da saúde e da doença humana que são determinados por fatores ambientais. Refere-se, também, à teoria e prática da avaliação e controlo dos fatores ambientais que podem afetar a saúde». Mais tarde, em 1993, a OMS modifica a definição inicial de Saúde Ambiental para explicitar que: «aborda os aspectos da saúde humana, incluindo a qualidade de vida, determinados por fatores físicos, químicos, biológicos, sociais e psicossociais do ambiente. Refere-se, também, à teoria e prática de avaliar, corrigir, controlar e prevenir os fatores que, presentes no ambiente, podem afetar negativamente a saúde das gerações presentes e futuras».

Em 1982, o médico especialista em Saúde Pública, Aloísio Coelho (1925–1998), é nomeado diretor do Instituto Nacional de Saúde Doutor Ricardo Jorge. Desempenha o cargo até 1993. Aloísio contribui decisivamente para a elevação da Saúde Pública, tanto ao nível nacional como internacional. Participa nas reuniões europeias como *Chief Medical Officer* durante o período em que o diretor-geral da Saúde não é médico. Foi, igualmente, diretor da Escola Nacional de Saúde Pública (ENSP) entre 1979 e 1980. Na época, quer o Instituto, quer a ENSP e, também, a Direção-Geral da Saúde, dependiam do Ministério da Saúde. Por isso, é habitual a troca de dirigentes, diretores e professores entre as tês instituições.

Em 1982, são regulamentadas as carreiras médicas e é criada a carreira de Clínica Geral.[141] A rede de Centros de Saúde é organizada, no continente, em cinco regiões (Norte, Centro, Lisboa e Vale do Tejo, Alentejo e Algarve). Os cuidados prestados estão focados nos médicos de família.[142]

Igualmente em 1982, é reestruturado o Gabinete de Combate à Droga.

Em 1983, o primeiro-ministro Mário Soares separa as pastas dos Assuntos Sociais e da Saúde no IX Governo Constitucional. O Ministério

[141] DL n.º 310/82, de 3 de agosto.

[142] DL n.º 254/82, de 29 de julho.

da Saúde regressa, assim, à orgânica governamental. António Maldonado Gonelha (1935–2022) é nomeado para desempenhar o cargo entre 1983–1985.

Também em 1983, é aprovado o Regulamento que cria os «centros de saúde de segunda geração».

Igualmente em 1983, é fundado o Instituto de Apoio à Criança (IAC), que tem como missão defender os direitos das crianças. Manuela Eanes lidera a sua criação segundo a visão inspiradora do psiquiatra João dos Santos (1913–1987): a criança tem direitos que devem ser afirmados e promovidos.

No mesmo ano, é lançada a *Revista Portuguesa de Saúde Pública* pela Escola Nacional de Saúde Pública.

Em 1983, é fundada a Associação Portuguesa dos Médicos de Clínica Geral. Nuno Grande (1932–2012), eleito presidente da Mesa da Assembleia Geral, é considerado um dos pensadores principais da nova especialidade médica que toma a designação de Medicina Familiar.[143]

Nesse ano, António Correia de Campos publica *Saúde: Custo de um Valor Sem Preço* em livro, com prefácio do seu mestre Arnaldo Sampaio.

Em 1984, é criada a Direção-Geral de Assuntos Farmacêuticos, que ainda está distante de exigências fixadas pelos organismos europeus, em termos de regulação de medicamentos.

No mesmo ano, por proposta do ministro Maldonado Gonelha, é criada a Direção-Geral dos Cuidados de Saúde Primários, que passa a integrar competências dispersas por diversas instituições que estão extintas, nomeadamente a Direção-Geral da Saúde; os serviços centrais dos Serviços Médico-Sociais; o Serviço de Luta Antituberculosa; o Instituto de Assistência Psiquiátrica; o Serviço de Higiene Rural e Defesa Anti-sezonática; o Instituto de Assistência aos Doentes de Hansen; o Instituto Maternal. Por outro lado, o Instituto de Malariologia de Águas de Moura passa a ser integrado no Instituto Nacional de Saúde Doutor Ricardo Jorge.[144] Se bem que a nova legislação traduza uma manifesta visão integradora de unidades centrais, até então disseminadas e compartimentadas, a mudança da designação da Direção-Geral da

[143] O médico de família ocupa-se dos cuidados de saúde destinados a três gerações da mesma família de um pequeno grupo populacional.

[144] Decreto-Lei n.º 74-C/84, de 2 de março.

Saúde é, na ocasião, considerada desnecessária. Aliás, volta a ser reposta em 1993.[145]

Igualmente em 1984, é fundada a Associação Portuguesa para a Promoção da Saúde Pública (APPSP) por Arnaldo Sampaio, Aloísio Coelho, Maria Adriana Figueiredo, José Lopes Dias e Amélia Esparteiro Leitão. A APPSP tem como atividades principais a divulgação das boas práticas em Saúde Pública e o apoio à investigação.

Em 1985, no dia 12 de junho, Mário Soares assina o Tratado de Adesão de Portugal à Comunidade Económica Europeia, que tinha sido solicitada, também por ele mesmo, durante o I Governo Constitucional, em 1976. A adesão torna-se efetiva a partir de 1 de janeiro de 1986.[146]

A partir de novembro de 1985, o primeiro-ministro Cavaco Silva inicia um programa de desenvolvimento económico e saneamento das finanças, a par da modernização de infraestruturas, nomeadamente rodoviárias.

Em 1986, a Carta de Otava, aprovada na Conferência Internacional sobre Promoção da Saúde, adquire grande notoriedade nos círculos da Saúde Pública em Portugal, nomeadamente na Escola Nacional de Saúde Pública e na DGS. A Carta declara que a «promoção da saúde é o processo de capacitação da comunidade para atuar na melhoria da sua qualidade de vida e saúde, incluindo uma maior participação no controlo deste processo». Considera, igualmente, pré-requisitos básicos as seguintes condições e recursos fundamentais para melhorar a saúde: «Paz; habitação; educação; alimentação; rendimentos; ecossistema estável; recursos sustentáveis; justiça social e equidade». Para tal, propõe a adoção de políticas públicas saudáveis, incluindo a reorientação do Sistema de Saúde, tendo em atenção a necessidade de aumentar a participação das populações em assuntos associados à saúde.

Também em 1986, o cardiologista Fernando Pádua (1927–2022) inaugura o Instituto Nacional de Cardiologia. Pádua distingue-se como principal proclamador de medidas de prevenção primária, designadamente, insiste na substituição do sal na alimentação por ervas aromáticas, na redução do açúcar e em estilos de vida saudáveis, sem tabagismo e com exercício físico. As suas repetidas alocuções públicas, tal como os seus programas televisivos, são muito apreciados.

[145] Decreto-Lei n.º 345/93, de 1 de outubro.

[146] A partir de 1993 designada por União Europeia, no seguimento do Tratado de Maastricht (1992).

No mesmo ano, em Portugal, nasce a primeira criança como resultado da aplicação de técnicas de procriação medicamente assistida por uma equipa do Hospital de Santa Maria liderada pelo obstetra António Pereira Coelho.

Em 1986, no dia 26 de abril, ocorre o acidente nuclear de Chernobyl.

Em 1986 e 1987, os serviços de obstetrícia dos hospitais começam a utilizar a ecografia para o estudo morfológico fetal do segundo trimestre de gravidez.

Em 1987, é criado o Projeto Vida, no contexto do combate à droga, que fica na dependência funcional da Presidência do Conselho de Ministros.[147]

Também nesse ano, ocorre a abertura do Centro das Taipas para atendimento de toxicodependentes, por iniciativa da ministra Leonor Beleza.[148]

Ainda em 1987, o Programa Nacional de Vacinação administra a tríplice para o sarampo, para a parotidite epidémica e rubéola (VASPR), em única dose aos 15 meses de idade. Em 1990, a VASPR passa introduzir uma segunda dose entre os 11–13 anos (mais tarde, as doses seriam antecipadas).

Ainda em 1987, é fundada a Associação Nacional dos Médicos de Saúde Pública (ANMSP), que tem como principal função representar os médicos da respetiva especialidade, bem como promover profissional, social, ética e culturalmente os médicos de Saúde Pública e, também, contribuir para a promoção dos cuidados de saúde primários.

Em 1988, são criados os centros regionais de alcoologia do Porto, Coimbra e Lisboa, na perspetiva da dinamização das ações preventivas e terapêuticas que visam reduzir a frequência dos «problemas ligados ao álcool».[149]

Também em 1988, ocorre o grande incêndio do Chiado, em Lisboa.

A partir de 1988, a utilização de computadores em Saúde Pública generaliza-se. Tanto *hardware* como *software* são cada vez mais acessíveis e «amigáveis». Permitem melhorar a qualidade e quantidade de informação analisada e construir bases de dados indispensáveis em epidemiologia moderna.

[147] Resolução do Conselho de Ministros n.º 23/87, de 21 de abril.

[148] DL n.º 20-A/87, de 12 de junho.

[149] Decreto Regulamentar n.º 41/88, de 21 de novembro, da iniciativa da ministra Leonor Beleza.

Em 1989, no quadro de Revisão Constitucional, o acesso aos cuidados de saúde no âmbito do Serviço Nacional de Saúde passa a ser «universal e geral, e tendo em conta as condições económicas dos cidadãos, tendencialmente gratuito».[150]

Também em 1989, por iniciativa da ministra Leonor Beleza, é criada a I Comissão Nacional de Saúde Materna e Infantil, que desempenha um papel principal na melhoria da saúde das mães e crianças, em Portugal.

No mesmo ano, o médico Manuel Sobrinho Simões funda o Instituto de Patologia e Imunologia Molecular e Celular da Universidade do Porto (IPATIMUP), que cedo adquire elevado prestígio nacional e internacional.[151]

Em 1990, é aprovada a Lei de Bases da Saúde, por proposta do então primeiro-ministro, Aníbal Cavaco Silva.[152] A Base XIX é dedicada às autoridades de saúde, que é regulamentada por legislação própria três anos mais tarde.[153]

Em 1990, é reformulado o Projeto VIDA, no quadro do plano integrado de combate à droga.[154]

Também em 1990, são emitidas normas de organização e gestão dos resíduos hospitalares.[155]

Em 1991, a tutela da Escola Nacional de Saúde Pública deixa de pertencer ao Ministério da Saúde, com a sua integração no Ensino Superior como uma unidade orgânica da Universidade Nova de Lisboa.

Nesse mesmo ano, é publicado o Primeiro Estatuto do Medicamento, como resultado de transposição de diretivas europeias na perspetiva de assegurar a qualidade, segurança e eficácia de medicamentos.

A partir de 1992, Portugal participa na «rede europeia de cidades saudáveis», nomeadamente através da Amadora, Seixal e Viana do Castelo. Mais tarde, integram a rede: Bragança, Lisboa, Loures, Lourinhã, Montijo, Odivelas, Oeiras, Palmela, Resende, Serpa e Setúbal. A médica de Saúde Pública Celeste Gonçalves destaca-se neste processo.

[150] Lei Constitucional n.º 1/89, de 8 de julho.

[151] Manuel Sobrinho Simões, em 2015, é eleito como «o patologista mais influente do Mundo» pela revista britânica *The Patologist*.

[152] Lei n.º 48/90, de 24 de agosto, será revogada pela Lei n.º 95/2019, de 4 de setembro.

[153] DL n.º 336/93, de 29 de setembro.

[154] Resolução do Conselho de Ministros n.º 17/90, de 21 de abril.

[155] Despacho n.º 16/90, de 21 de agosto.

Em 1992, iniciam-se, em Portugal, as telecomunicações móveis. Desde então, a expansão da sua utilização é frenética, traduzida pelas sucessivas gerações de redes e marcas de *smartphones*. Como meio prático e indispensável de comunicação, passa a ser fornecido pelo Estado aos especialistas de Saúde Pública.

Em 1992, é inaugurada a SIC, como primeiro canal privado de televisão, em Portugal.

Em 1993, a nova Lei Orgânica do Ministério da Saúde estipula a fusão da Direção-Geral dos Cuidados de Saúde Primários com a Direção-Geral dos Hospitais e repõe a designação antiga de Direção-Geral da Saúde. O Estatuto, publicado neste ano, clarifica que o Serviço Nacional de Saúde constitui o núcleo central do Sistema de Saúde que convive com os sectores social e privado na perspetiva de assegurar o direito à saúde nos termos constitucionais.

No mesmo ano, é publicada a Lei da Droga.[156]

Em 1993, é aprovado o Regulamento das Administrações Regionais de Saúde.[157]

Também em 1993, é criado o Instituto Nacional da Farmácia e do Medicamento (INFARMED), que adquire elevada notoriedade como entidade reguladora.

A partir de 1 de janeiro de 1994, entram em funcionamento as administrações regionais de saúde no continente.[158]

A partir de 1993, José Carlos Marinho Falcão (1947–2017) dinamiza a área da epidemiologia no Instituto Nacional de Saúde Doutor Ricardo Jorge, que dirige entre 1999 e 2000. Cria, para além do Observatório Nacional de Saúde (ONSA)[159], instrumentos de vigilância epidemiológica inovadores, nomeadamente: a Rede de Médicos Sentinela para a Gripe;[160] o Sistema *Ícaro* para as ondas de calor; o projeto *Em Casa Observamos Saúde* (ECOS)[161], entre outras ferramentas.

[156] DL n.º 15/93, de 22 de janeiro.

[157] DL n.º 335/93, de 29 de setembro.

[158] Estatuto do SNS, aprovado pelo DL n.º 11/93, de 15 de janeiro.

[159] O ONSA sucede ao Centro de Epidemiologia e Bioestatística. Atualmente, o Departamento de Epidemiologia substitui o ONSA.

[160] Na época de 1990–91, tem início a vigilância da gripe (médicos-sentinela) por iniciativa de Marinho Falcão, então ainda colocado na Direção-Geral da Saúde.

[161] ECOS é uma ferramenta de recolha de dados baseada na transmissão de informações de eventos relacionados com a Saúde identificados dentro da família (doenças, determinantes, exposição a riscos, etc.).

Em 1994, tem início a rede de escolas promotoras de saúde no quadro de um projeto-piloto dirigido por Catalina Pestana (1947–2018). A partir de 1997, as escolas aderentes entram em fase de expansão, sob a coordenação de Isabel Loureiro (nomeada conjuntamente pelos ministros da Saúde e da Educação).

Em 1994, 96% das residências dos portugueses dispõem de televisão.

Em 1995, por iniciativa do ministro Paulo Mendo, é criado o cartão de identificação do utente do Serviço Nacional de Saúde.[162]

A partir de 1995, a ecografia do primeiro trimestre de gestação, para vigilância fetal, é generalizada nas consultas pré-natais, o que representa considerável progresso em prevenção secundária de eventuais problemas materno-fetais.

Em 1995, é inaugurada a fábrica de automóveis AutoEuropa, em Palmela, sendo o maior investimento estrangeiro em Portugal.

No mesmo ano, o epidemiologista Luís Cayolla da Mota traduz para a língua portuguesa a obra de referência *Um Dicionário de Epidemiologia*, de John M. Last, da Universidade de Otava, editado para a Associação Internacional de Epidemiologia, pela Oxford University Press, em 1988.[163]

Em 1996, é instituído o Rendimento Mínimo Garantido pelo ministro Eduardo Ferro Rodrigues. É considerado um direito dos cidadãos, em situação de exclusão, que passam a ter acesso a um nível mínimo de subsistência.

Nesse mesmo ano, prosseguem reformas no Serviço Nacional de Saúde. Maria de Belém Roseira é ministra da Saúde e Constantino Sakellarides o diretor-geral da Saúde.

Jorge Sampaio é presidente da República entre 1996 e 2006 e António Guterres primeiro-ministro de 1995 a 2002. O país desenvolve-se. Em 1998, acontece a inauguração da Ponte Vasco da Gama e da nova Gare do Oriente. Lisboa moderniza-se e acolhe, nesse mesmo ano, a Exposição Mundial, dedicada aos oceanos como património e aos 500 anos dos Descobrimentos Portugueses. Também em 1998, José Saramago recebe o Prémio Nobel da Literatura. A autoestima dos portugueses eleva-se, condição coletivamente estimulante para a transição do milénio que se aproxima.

162 DL n.º 198/95, de 29 de julho.

163 A edição para a língua portuguesa é financiada pelo Departamento de Estudos e Planeamento da Saúde, do Ministério da Saúde, em 1995.

Em 1996, a ministra Maria de Belém Roseira emite novas normas de tratamento de resíduos provenientes da prestação de cuidados de saúde em função do grupo a que pertencem.[164]

A partir de 1997, em Portugal, a Solução Antisséptica de Base Alcoólica (SABA)[165] passa a ser utilizada no controlo de infecções associadas aos cuidados de saúde, em especial em meio hospitalar.

Em 1997, surge um alerta, ao nível global, sobre lixo marítimo, no seguimento da identificação de uma extensa acumulação de plástico no Oceano Pacífico Norte.

Em 1998, é aprovada a «Saúde, um compromisso: a estratégia para o virar do século 1998–2002», que inicia um processo participado de planeamento estratégico. Os respetivos trabalhos são influenciados pela metodologia introduzida em Portugal por Emílio Imperatori (1938–2012).

Ainda em 1998, é criado o Observatório Nacional de Saúde dependente do Instituto Nacional de Saúde Doutor Ricardo Jorge.

Também em 1998, é aprovada legislação que estabelece o novo sistema de convenções e, também, o regime remuneratório experimental dos médicos de Clínica Geral.[166]

No mesmo ano, Constantino Sakellarides, como diretor-geral da Saúde, desenvolve o primeiro sistema automático, por *e-mail*, para notificação de eventos que representam riscos para a Saúde Pública: Sistema de Alerta e Resposta Apropriada (SARA), que simboliza um assinalável progresso na área da vigilância epidemiológica.

Ainda em 1998, é criada a Ordem dos Enfermeiros.

No ano de 1999, é publicada nova legislação sobre os dispositivos legais destinados a garantir a promoção de uma vida sexual e reprodutiva saudável, incluindo o acesso ao planeamento familiar e aos métodos contracetivos.[167]

Também em 1999, por iniciativa do então diretor-geral da Saúde, José Luís Castanheira (1948–2016), é criado o Programa Nacional de Controlo da Infecção (PNCI).

[164] Despacho da ministra da Saúde n.º 242/96, de 5 de julho.

[165] SABA: solução de álcool etílico a 70%, água oxigenada 10 volumes (3%), glicerina e água destilada.

[166] DL n.º 97/98, de 18 de abril, e DL n.º 117/98, de 5 de maio.

[167] Lei n.º 120/99, de 11 de agosto.

Em 1999, é aprovada nova organização para a rede de serviços de saúde pública.[168]Ainda no mesmo ano, são criados os «centros de saúde de terceira geração», dotados de mais autonomia.[169]

Também em 1999, inicia-se o processo de acreditação de hospitais portugueses no âmbito do Instituto da Qualidade em Saúde (IQS), integrado na Direção-Geral da Saúde. A acreditação é baseada nas normas do *King's Fund Health Quality Service*. Aderem, no início, sete hospitais. Luís Pisco, António Vaz Carneiro e Margarida França compõem a primeira direção do IQS.[170]

Ainda em 1999, nova legislação reforça as garantias do direito à promoção da vida sexual e reprodutiva saudável.[171]

A CONDIÇÃO DA MULHER

O grande sinal de mudança surge no I Governo Provisório, em 1974, com a publicação de legislação que abre, pela primeira vez, as magistraturas judicial e do Ministério Público a mulheres, acesso que até então lhes estava vedado.

Em 1975, Maria de Lourdes Pintasilgo (1930–2004) formaliza, ao nível do Estado, medidas de proteção sobre a condição da mulher pelo Decreto Lei n.º 47/75, de 1 de fevereiro. Dois anos depois, um novo diploma legal confere dinamismo à Comissão da Condição Feminina, que passa a estar integrada na Presidência do Conselho de Ministros.[172]

Em 1976, ainda antes da aprovação da Constituição, durante o VI Governo Provisório, o médico Albino Aroso (1923–2013), então secretário de Estado da Saúde, inicia a implementação de medidas concretas para elevar a saúde da mãe e da criança. Albino Aroso é, justamente, considerado o médico que mais mudanças de fundo introduziu a favor das mulheres. Manteve uma longa carreira sempre centrada na proteção

[168] Decreto-Lei n.º 286/99, de 27 de julho.

[169] DL n.º 157/99, de 10 de maio.

[170] O IQS é criado pela Portaria n.º 288, de 27 de abril de 1999, por iniciativa de Maria de Belém Roseira.

[171] Lei n.º 120/99, de 11 de agosto.

[172] DL n.º 485/77, de 17 de novembro.

materno-infantil. Foi o primeiro a criar consultas de planeamento familiar de acesso simples e gratuito em toda a rede de centros de saúde. A descida rápida e uniforme da mortalidade infantil é, em larga medida, devida às políticas públicas implementadas sob a orientação estratégica de Albino Aroso.

Ao mesmo tempo, Torrado da Silva, no Hospital Garcia de Orta, promove a Pediatria Social, e Fernanda Sampayo, em Santa Marta, desenvolve a Cardiologia Pediátrica.

DESENVOLVIMENTO DE ENFERMAGEM[173]

Eva Menino, Leila Sales e *Conceição Alegre*

Já na transição de regime, sobretudo desde 1971 e mais intensamente a partir de 1974, surge um movimento de enfermeiros que procura elevar a qualidade técnica e científica do exercício de enfermagem. Sabiam do cenário de insucesso generalizado do ensino de enfermagem, em Portugal, com exceção da criação, em 1940, da Escola Técnica de Enfermeiras (ETE), em Lisboa. A ETE tem como finalidade formar enfermeiras capazes de exercer a sua profissão nas áreas hospitalar e comunitária. Estão envolvidos na sua criação, para além da Fundação Rockefeller, a Direção-Geral de Saúde e o Instituto Português de Oncologia. O modelo de formação anglo-americano preconiza, pela primeira vez, um ensino internacional de alta qualidade, com períodos de estágios na Europa e América. A formação, que decorre por um período relativamente longo (três a quatro anos), implica que as alunas detenham condições de acesso semelhantes às dos candidatos a cursos superiores.

A Escola Técnica de Enfermeiras é, distintamente, inovadora na forma como se abre à comunidade. Marca o ensino de enfermagem. Fernanda Alves Dinis é diretora da ETE.[174]

Em 1955, Maria da Graça Simeão, enquanto presidente da Comissão Coordenadora de Enfermagem da Inspeção de Assistência Social

[173] Ao contrário de outras disciplinas ou atividades profissionais relacionadas com a Saúde, a Enfermagem assume, a partir dos anos 1970, uma expressão mais técnica e científica que explica a descrição aqui apresentada.

[174] Fernanda Alves Diniz, enfermeira, é, na altura, em 1954, nomeada consultora da OMS (Escritório Regional da Europa).

(Ministério do Interior), tem o mérito de colocar a situação do exercício e do ensino de enfermagem na agenda política, apontando a necessidade de acrescentar a área da Saúde Pública na formação de enfermagem.

Todavia, até meados da década de 1960, o ensino de enfermagem em Portugal mantém-se tradicional. É a partir desta altura que se intensificam as relações com redes nacionais e internacionais e a participação em associações e outros organismos sociais, num momento em que o país está fechado ao mundo, em consequência da política governamental e, em especial, da Guerra Colonial.

Com a reforma do ensino de enfermagem em 1965 e com a legislação de 1967 que estabelece a carreira de ensino de enfermagem, surgem alterações profundas, nomeadamente a criação da Escola de Ensino e Administração em Enfermagem.[175]

Simultaneamente, verificam-se mudanças na organização dos serviços de saúde, da qual a mais importante é a tentativa de valorização da Saúde Pública como paradigma de prestação de cuidados mais próximo das populações.

Em 1967, com o intuito de dar resposta às acrescidas necessidades de pessoal de enfermagem em Saúde Pública, é criada a Escola de Enfermagem de Saúde Pública, cujo principal objetivo é preparar, em dois anos, enfermeiras para exercício de enfermagem na comunidade. Os cursos de especialização em Enfermagem começam a surgir com um novo formato que pode ser considerado como transição de Escolas para Enfermeiros para Escolas de Enfermagem.

Em 1970, às Escolas de Enfermagem é reconhecida a autonomia técnica e administrativa e a respetiva direção é da responsabilidade de enfermeiros.

Inicia-se, assim, a preparação da reforma do ensino de enfermagem, tendente à sua integração no sistema educativo, fora do Ministério da Saúde.

Em 1971, é publicado o regime legal que permite a reestruturação progressiva e o funcionamento regular de carreiras profissionais para os diversos grupos diferenciados de funcionários que prestam serviço no Ministério da Saúde e Assistência: carreiras de médica de Saúde Pública, médica hospitalar, farmacêutica, administração hospitalar, de técnicos

[175] DL n.º 48 116, de 27 de dezembro, de 1967.

superiores de laboratório, de ensino de enfermagem, de enfermagem de Saúde Pública, de enfermagem hospitalar, de técnicos terapeutas, de técnicos de serviço social, de técnicos auxiliares de laboratório e de técnicos auxiliares sanitários.[176] Trata-se de uma medida que visa, para além da organização do trabalho, efetivar uma política de saúde e assistência social.

Também em 1971, são realizados estudos, debates e relatórios, relativamente ao exercício e formação em enfermagem.

Em 1972, após a alteração da Lei de Bases do Sistema Educativo, é criado e começa a funcionar o Curso de Promoção dos Auxiliares de Enfermagem. Neste ano, ocorre a criação de centros de saúde, havendo, também, a inauguração de novas escolas.

Em 1973, são inauguradas escolas de enfermagem em todos os distritos do país, exceto Setúbal e Aveiro.

O ano de 1974 é marcado pela extinção do Curso de Auxiliares de Enfermagem, sendo instituído um nível único de formação básica para a prestação de cuidados gerais.

A estrutura e o conteúdo curriculares do Curso de Enfermagem sofrem profundas alterações, como resultado de um grupo de trabalho integrado por representantes de escolas e dos recém-criados sindicatos de enfermagem, bem como da Associação Portuguesa de Enfermagem.

Em 1976, os enfermeiros são incorporados nos quadros da função pública, o que não só representa significativa valorização financeira da remuneração de enfermeiro, como também melhoria no plano social.

Em 1981, tem lugar o Congresso Nacional de Enfermagem. Os enfermeiros insistem na convicção de que a conversão das Escolas de Enfermagem em Escolas Superiores de Enfermagem constitui um processo irreversível, não devendo ser adiada por mais tempo a integração do ensino de enfermagem no esquema nacional de ensino. Defendem que a integração proposta não prejudica a autonomia técnico-pedagógica e administrativa das Escolas de Enfermagem, mantendo-se a orientação do órgão coordenador do curso de Enfermagem constituído por enfermeiros.

Em 1981, a carreira de enfermagem é aprovada por nova legislação, procurando responder a situações de injustiça criadas ou agravadas desde 1976.[177]

[176] DL n.º 414/71, de 27 de setembro.

[177] DL n.º 305/81, de 12 de novembro, e Decreto n.º 534/76, de 8 de julho.

Em 1988, o ensino de Enfermagem integra o Sistema Educativo Nacional, ao nível do Ensino Superior Politécnico, com dupla tutela dos Ministérios da Saúde e da Educação.[178] No ano seguinte, as escolas são convertidas em Escolas Superiores de Enfermagem.

Em 1991, é aprovado o regime legal da carreira de enfermagem, visando regulamentar o exercício da profissão, garantindo a salvaguarda dos direitos e normas deontológicas e a prestação de cuidados de enfermagem de qualidade aos cidadãos. São, então, clarificados os conceitos, caracterizados os cuidados de enfermagem, incluindo a especificação de competências dos profissionais, legalmente habilitados a prestá-los, definindo responsabilidade, direitos e deveres.[179]

Em 1998, são definidas medidas para o desenvolvimento do ensino na área da saúde, entre as quais o reforço da aprendizagem tutorial na comunidade, nos centros de saúde e nos hospitais, no quadro de uma reestruturação curricular dos cursos de licenciatura em Medicina, a reorganização da rede de escolas superiores de enfermagem e de tecnologia da saúde e a reorganização do ensino de enfermagem, através da sua passagem para a tutela do Ministério da Educação.[180]

Em 1999, Mariana Diniz de Sousa (1929–2013) é eleita como primeira bastonária da Ordem dos Enfermeiros, para o mandato de 1999–2003.

Também em 1999, inicia-se a licenciatura e o doutoramento em 2002.

Em 2014, são definidos os princípios e o enquadramento da atividade do enfermeiro de família, no âmbito das unidades funcionais de prestação de cuidados de saúde primários.[181] As novas medidas visam a melhoria da qualidade e do acesso efetivo dos cidadãos aos cuidados de saúde e a reavaliação do papel dos enfermeiros. Assim, sai reforçada a importância dos contributos da enfermagem para a promoção da saúde e prevenção da doença e são colocados novos desafios aos enfermeiros.

Para o enfermeiro, a avaliação da pessoa, no seu ambiente natural, vai além dos fatores tradicionalmente observados (perspetiva paternalista

[178] DL n.º 480/88, de 23 de dezembro.

[179] DL n.º 437/91, de 8 de novembro.

[180] Resolução do Conselho de Ministros n.º 140/98, de 4 de dezembro.

[181] DL n.º 118/2014, de 5 de agosto.

que considera a pessoa um agente passivo), uma vez que requer a análise e discussão prévia numa visão sistémica e ecológica do indivíduo inserido no seu ambiente.

O desenvolvimento da Enfermagem organiza-se, inicialmente, em torno do Departamento de Ensino de Enfermagem (Instituto Nacional de Saúde Doutor Ricardo Jorge). O Departamento produz orientações, normas técnicas e pedagógicas, para as diferentes escolas (na altura, destacam-se Mariana Diniz de Sousa e Isabel Soares). Paralelamente, no âmbito da Enfermagem de Saúde Pública, ganham relevo, em termos de liderança, nomeadamente: Ione Filipe Pinto, Marília Viterbo Freitas, Alcina Fernandes, Marta Lima Basto (no ensino pós-básico em Administração) e Rosário Horta, entre outras enfermeiras.

PANDEMIA VIH/SIDA E EVOLUÇÃO DA TUBERCULOSE

Raquel Duarte

A pandemia de VIH/SIDA emergiu, inesperadamente, no início da década de 1980.[182] O seu aparecimento não foi antecipado. Surge de forma absolutamente imprevista. Surpreende cientistas, epidemiologistas e académicos. A identificação do respetivo agente pelo médico francês Luc Montagnier (1932–2022) acontece apenas em 1983. Montagnier começa por designar o vírus que descobre como LAV (*lymphadenopathy virus*). Pouco depois, o norte-americano Robert Gallo isola o retrovírus, agente da doença, que designa como HTLV-3 (*human T cell lymphotropic virus type III*). Em 1985, o Comité de Taxonomia da OMS adota a designação de Vírus da Imunodeficiência Humana (VIH) e Síndrome da Imunodeficiência Adquirida (SIDA), respetivamente para o vírus e para a doença com manifestações clínicas. No mesmo ano, surgem os primeiros testes serológicos (ELISA). A infecção por VIH, uma vez adquirida, passa a ser identificável por estes testes indiretos, depois do «período de janela»[183].

[182] Alguns cientistas admitem que os primeiros casos em seres humanos ocorrem entre 1930 e 1950 no Congo (ex-Congo Belga). São estudadas duas situações: uma em marinheiro inglês que estivera em África (1959) e outra em 1976, na filha de um marinheiro norueguês, que viaja por África e transmite a infecção à mulher (transmissão mãe-filho).

[183] Período entre a entrada no organismo do agente viral e a sua identificação pelo teste serológico (deteção de anticorpos).

No ano seguinte, é descoberto o VIH tipo 2, que circula na África Ocidental.

A génese da pandemia, tal como a sua origem precisa, não estão, ainda hoje, cientificamente comprovadas.

Em Portugal, a médica Laura Ayres (1922–1992) distingue-se na luta contra a nova pandemia. Conduz, com inquestionável mestria, o processo de comunicação. Insiste na necessidade de evitar comportamentos de risco, uma vez que a transmissão do agente viral ocorre quer por via sexual quer por via injetável, em utilizadores de drogas com seringas não desinfectadas, bem como da mãe grávida positiva para o filho e através de sangue e seus derivados quando infectados. Cedo, porém, fica comprovado que a infecção pode ser evitada, desde que observadas as devidas precauções. A contagiosidade está associada ao comportamento não protegido. A segurança pode ser alcançada pelo uso de preservativos ou pela utilização de seringas e agulhas descartáveis para eliminar a partilha de seringas. Os riscos podem ser contornados, explica Laura Ayres. As suas intervenções são esclarecedoras. Elucida a população com verdade e, por isso, transmite confiança. Promove, com notável lucidez, o combate à discriminação. Neste sentido, são indispensáveis as suas participações pedagógicas. Adquirem especial relevo as emitidas pelos órgãos de comunicação social, com destaque para os programas televisivos.

O seu trabalho como virologista, no Instituto Nacional de Saúde Doutor Ricardo Jorge, e como professora, na Escola Nacional de Saúde Pública, é muito respeitado nos meios da Saúde e da Academia.

O médico José Luís Champalimaud (1939–1996) e a farmacêutica Odete Ferreira (1925–2018) dão contributos decisivos para a descoberta do VIH2, em conjunto com Luc Montagnier.

Em Portugal, os dois primeiros casos de SIDA são registados no primeiro semestre, em 1984. Em abril de 1986, o Centro de Vigilância Epidemiológica das Doenças Transmissíveis do Instituto Nacional de Saúde Doutor Ricardo Jorge publica, em documento oficial, a situação epidémica da SIDA até ao dia 31 de dezembro de 1985: estão notificados 24 casos suspeitos, dos quais 21 foram confirmados.[184]

Em junho de 1985, a Associação Portuguesa de Hemofílicos solicita o devido tratamento por «pré-aquecimento» de derivados de sangue para

[184] Doc. 2 publicado pelo Instituto Nacional de Saúde Doutor Ricardo Jorge em 1986.

evitar a transmissão do vírus. A não-observação imediata deste procedimento dá origem a um longo processo judicial. Mais tarde, em 2002, o Tribunal Constitucional decide pela prescrição dos alegados crimes do «processo dos hemofílicos».

Em 1987, a zidovudina (AZT) é aprovada para tratar doentes e, três anos depois, para uso pediátrico. A partir de 1991, sucedem-se novos medicamentos, cada vez mais eficazes (em 1997, é aprovada a combinação de medicamentos, o Combivir, em comprimido único), tratamentos que transformam a doença aguda em doença crónica.

Em 1990, a Comissão Nacional de Luta contra a SIDA (CNLCS) é criada no âmbito do Ministério da Saúde, na sequência do Grupo de Trabalho da SIDA estabelecido em 1985. A CNLCS como estrutura autónoma, excessivamente «vertical», não é bem aceite em círculos ligados à Direção-Geral da Saúde. Em 1998, são criadas as comissões distritais de luta contra a SIDA por decisão conjunta dos Ministérios da Educação, Saúde, Segurança Social e da Secretaria de Estado da Juventude.

Em 2007, é instituído o Alto-Comissariado da Saúde (ACS), que ganha autonomia em relação à DGS. O ACS tem a missão de apoiar tecnicamente o planeamento estratégico e integra as coordenações dos programas contra a SIDA e também das doenças cardiovasculares, doenças oncológicas e das pessoas idosas (incluindo cuidados continuados integrados).[185]

Em 2020, a introdução no mercado de novas substâncias antirretrovirais (cabotegravir + rilpivirina, bem como o fostemsavir) permite reformular as metas programáticas a alcançar a médio prazo.

Sucedem-se na direção do Programa: Laura Ayres, Machado Caetano, Odete Ferreira, Fernando Ventura, António Meliço Silvestre, Henrique Barros, António Diniz, Kamal Mansinho, Isabel Aldir e Margarida Tavares.

No que se refere à vigilância epidemiológica da infecção VIH e da SIDA, destacam-se Jorge Torgal, Teresa Paixão e Helena Cortes Martins, que organizam a publicação regular de dados sobre a incidência e prevalência daquelas condições.

A prevalência da infecção VIH (e da doença SIDA) influencia diretamente a incidência da tuberculose e, simultaneamente, o surgimento do fenómeno da resistência aos antibacilares.

[185] O Alto-Comissariado da Saúde é instituído pelo DL n.º 218/2007, de 29 de maio, e extinto em 2011.

Em Portugal, até 1994, a vigilância da resistência aos antibacilares está reservada aos doentes sem resposta ao tratamento. Não há registo de qualquer caso de monorresistência primária à rifampicina pelo Laboratório Nacional de Referência (NRL), até esse ano.

Em estirpes analisadas, entre 1982 e 1992, foi detetada resistência à isoniazida (7%) e a dois ou mais fármacos (21%), bem como casos multirresistentes com resistência simultânea à isoniazida e rifampicina (0,6%). Não são identificados casos monorresistentes à rifampicina.

Em 1982, 43% das estirpes testadas eram sensíveis a todos os fármacos de primeira linha, enquanto, em 1992, as estirpes sensíveis representavam 52% do total. No mesmo período, houve diminuição da resistência à INH de 8% para 6% e de 15% para 4% à estreptomicina. No entanto, a resistência a três ou mais fármacos aumentou ligeiramente, de 18% para 19%.

No ano 2000 é publicado o resultado do inquérito nacional de resistência aos medicamentos que decorreu entre 1995 e 1998. A responsabilidade técnica do estudo é do Laboratório Nacional de Referência (NRL) do Instituto Nacional de Saúde Doutor Ricardo Jorge. Para tal, a OMS fornece assistência técnica e financeira através do Programa Global de Tuberculose (GTB), em Genebra.

Neste contexto, é identificada resistência aos antibacilares em 17,8% das estirpes analisadas: resistência primária (doentes sem tratamento prévio) em 14,5% e resistência adquirida em 39,2%. Ocorre multirresistência em 1,8% dos doentes sem tratamento prévio e 21% dos doentes com tratamento anterior. Estes resultados demonstram a necessidade de melhorar o tratamento dos doentes, incluindo a melhor adesão aos regimes de tratamento preconizados nas orientações clínicas da OMS e da DGS.

A prevalência de infecção por VIH nos doentes com tuberculose multirresistente estudados (29,2%) neste inquérito nacional é inferior ao encontrado no sistema de vigilância recentemente implementado em Portugal, o Sistema de Alerta e Resposta Apropriada (SARA), segundo o qual 37,2% dos casos de TB-MDR notificados são seropositivos, sendo que 31% eram desconhecidos.

O sistema de alerta (SARA), baseado em notificações dos laboratórios que realizam testes de suscetibilidade aos antibacilares, abrange todos os hospitais que dão resposta aos doentes com VIH.

É uma fase de transição importante com necessidade de, por um lado, melhorar o tratamento dos doentes com tuberculose (garantir bons esquemas terapêuticos e aumentar a adesão aos mesmos por parte dos doentes) e, por outro, de aumentar a proporção de doentes com tuberculose e com serologia VIH conhecida.

É nesta altura que as medidas de prevenção da doença ganham novo impulso.

OBSERVAÇÃO FINAL SINÓPTICA

A partir de 1974 e até ao final do século, Portugal conduz a descolonização, implanta a democracia e desenvolve-se.

O Serviço Nacional de Saúde, criado em 1979, faz progredir a situação de saúde, traduzida na melhoria dos indicadores mais representativos. Neste âmbito, a descida rápida e uniforme da mortalidade infantil coloca Portugal em lugar cimeiro ao nível mundial.

Os portugueses vivem em democracia.

A adesão à União Europeia, a partir de 1986, inicia um novo tempo. O país fica diferente. Multiplicam-se centros de saúde, hospitais, infantários, escolas, institutos politécnicos, universidades e centros culturais. As infraestruturas de saneamento básico elevam as condições de vida ao nível europeu. A rede de autoestradas «encurta» o continente.

A Madeira e os Açores ganham autonomia, incluindo na organização dos serviços de saúde, que não depende do Serviço Nacional de Saúde.

Neste período, Portugal reorganiza e moderniza as infraestruturas de saneamento básico, incluindo para aprovisionamento de água destinada a consumo humano, sistemas de tratamento de águas residuais e lixos.

O panorama de Saúde Pública, se bem que melhor, apresenta novas preocupações associadas à Pandemia VIH/SIDA, bem como à emergência da obesidade com expressão epidémica, sobretudo em idades infantis e escolares.

A alta prevalência da toxidependência é reconhecida como problema de saúde pública.

4. NOVO *MILLENNIUM*

CRONOLOGIA

Portugal continua a estar confrontado com a situação crónica de atraso em relação aos seus parceiros da União Europeia. Na Saúde, à semelhança do passado, prosseguem reformas e promulgam-se, sucessivamente, decretos e leis «reformadoras».

Na viragem para o novo *millennium*, para além do baixo nível de qualificações da população, a taxa de analfabetismo permanece alta, sendo de 10%. Somente um terço da população entre os 25 e os 34 anos de idade possui o ensino secundário.

No ano 2000, é promulgada a lei que descriminaliza o consumo de substâncias psicoativas ilícitas. Neste quadro, os consumidores passam a ser considerados pessoas que carecem de ajuda e apoio especializado e como não-criminosos. O consumo passa a constituir uma contraordenação social.[186]

Em 2001, a população recenseada é de 10 356 000 residentes.[187]

Neste ano, os residentes com 65 e mais anos ultrapassam a população com idades inferiores a 14 anos. Desde então, a taxa de crescimento médio por ano do Índice de Envelhecimento é de 3%.

[186] Lei n.º 30/2000, de 29 de novembro.

[187] Em 100 anos, a população mais do que duplica de 5 milhões (Censo de 1900) para 10,3 milhões de habitantes (Censo de 2001).

Por outro lado, o perfil, em termos proporcionais, da ocupação da população ativa é, em 2001, por ordem decrescente de importância relativa: 58% no sector dos serviços, 30% na indústria e apenas 12% na agricultura.

Em 2001, José Pereira Miguel substitui José Luís Castanheira como diretor-geral da Saúde por iniciativa da ministra Manuela Arcanjo durante o XIV Governo Constitucional. É José Pereira Miguel que impulsiona, por um lado, o processo de planeamento estratégico e, por outro, o estreitamento de relações com a Organização Mundial da Saúde.[188]

Ainda em 2001, ocorre, a 4 de março, a tragédia do colapso da Ponte Hintze Ribeiro, em Entre-os-Rios, que causou a morte de 59 pessoas.

Nesse mesmo ano, são fixados os objetivos contra a droga e toxicodependência no curto horizonte, até 2004.[189]

Nesse ano, a Direção-Geral da Saúde edita, com tiragem de 30 mil exemplares, o volume *Álcool e Problemas Ligados ao Álcool*, em Portugal. A obra, de grande utilidade, resume os aspectos fundamentais dos problemas do país. A referida publicação estima que 60% da população adulta consome regularmente álcool e que 10% tem graves incapacidades ligadas ao álcool. Portugal e a França são os maiores produtores e consumidores.

Igualmente em 2001, Jorge Sampaio promulga a lei da contraceção de emergência, que permite à mulher utilizar a pílula anticoncecional nas primeiras 72 horas depois de uma relação sexual não protegida ou não consentida, disponibilizada gratuitamente em centros de saúde e outras unidades do Serviço Nacional de Saúde.

Ainda em 2001, é publicado o primeiro «Relatório de Primavera», no quadro do Observatório Português dos Sistemas de Saúde (OPSS). Desde então, o OPSS proporciona uma análise contínua da evolução do sistema de saúde, incorporando, anualmente, os acontecimentos mais recentes.

Também em 2001, é criado o Instituto de Medicina Molecular, anexo à Faculdade de Medicina de Lisboa, que contribui, desde logo, para impulsionar o desenvolvimento da investigação biomédica em Portugal. O médico neurocirurgião João Lobo Antunes é o primeiro diretor.

[188] No ano seguinte, José Pereira Miguel é eleito para a Comissão Executiva da OMS.

[189] Resolução do Conselho de Ministros n.º 30/2001, de 13 de março.

Em 2002, o Governo cria o Instituto da Droga e Toxicodependência (IDT), como resultado da fusão do Serviço de Prevenção e Tratamento da Toxicodependência (SPTT) com o Instituto Português da Droga e Toxicodependência (IPDT).[190]

Igualmente em 2002, os hospitais de Portalegre e Fernando Fonseca, em Lisboa-Sintra, são os primeiros a receber acreditação (no âmbito do Instituto da Qualidade em Saúde).

No mesmo ano, as parcerias público-privadas começam a ser implementadas (PPP da Saúde).[191]

Também em 2002, é proclamada a independência de Timor-Leste, depois de duas décadas de ocupação pela Indonésia.

Em 2003, é instituída a rede de cuidados de saúde primários e é criada a Entidade Reguladora da Saúde.

No verão de 2003, ocorre uma onda de calor na Europa, incluindo em Portugal, com efeitos na mortalidade. Provoca, no país, um excesso de mortalidade estimado em 1950 óbitos, dos quais 89% em pessoas com 75 ou mais anos de idade.

Em 2004, José Pereira Miguel regulamenta a vigilância epidemiológica das doenças humanas por priões, nomeadamente a doença de Creutzfeldt-Jakob (DCJ), bem como a sua variante relacionada com o consumo de carne bovina com BSE (encefalite espongiforme bovina), que toma a designação abreviada de vDCJ.[192]

Em 2004, é lançado o Plano Nacional de Saúde 2004–2010, que contribui para consolidar o pensamento estratégico em políticas públicas de Saúde.

Nesse ano, o antigo primeiro-ministro José Manuel Durão Barroso assume o cargo de presidente da Comissão Europeia (2004 a 2014).

A partir de 2004, começa uma «explosão» da utilização de redes sociais na Internet que alcançam fascinantes níveis de aderência: Facebook (2004); Twitter (2006); WhatsApp (2009); Instagram (2010); TikTok (2016)...

Entre 2004 e 2006, o presidente Jorge Sampaio organiza encontros com representantes de diferentes associações de doentes, na perspetiva de fortalecer o respetivo movimento associativo e contribuir para

[190] DL n.º 269-A/2002, de 29 de novembro.

[191] DL n.º 185/2002, de 20 de agosto.

[192] Em Portugal, são diagnosticados, desde então e até 2022, dois casos de vDCJ.

a sua maior participação no processo de definição de políticas públicas de Saúde.

Em 2005, o ministro Luís Filipe Pereira cria o Programa Nacional de Promoção da Saúde Oral no quadro da Direção-Geral da Saúde. Entre outras medidas, é introduzido o bochecho quinzenal com solução de fluoreto de sódio a 2% destinado a crianças e jovens do 1.º ciclo do ensino básico. O desenvolvimento do Programa, a partir de então, melhora significativamente a prevalência da cárie dentária em Portugal.[193]

Ainda em 2005, é apresentado o «Relatório Científico I», *MinUrar*, sobre os efeitos na saúde da população das minas de urânio, elaborado por uma equipa multidisciplinar de coordenação, composta por José Marinho Falcão, Fernando P. Carvalho, Mário Machado Leite, Madalena Alarcão, Eugénio Cordeiro e João Ribeiro.

Em 2005, José Pereira Miguel é nomeado primeiro alto-comissário da Saúde e termina, por esta razão, as funções de diretor-geral da Saúde.[194]

No mesmo ano, é criada a Comissão para o Desenvolvimento dos Cuidados de Saúde às Pessoas Idosas e às Pessoas em Situação de Dependência.[195]

Ainda em 2005, por iniciativa do ministro António Correia de Campos, é aprovada legislação que permite a venda de medicamentos não sujeitos a receita médica fora das farmácias, incluindo os destinados à contraceção de emergência.[196]

Também em 2005, por iniciativa de António Correia de Campos, os hospitais SA são reconvertidos sob a forma jurídica de entidades públicas empresariais (EPE).[197]

No ano seguinte, em 2006, é estabelecida a Rede Nacional de Cuidados Continuados Integrados (RNCCI).[198]

[193] Despacho n.º 153/2005, de 5 de janeiro.

[194] Dois anos depois, o DL n.º 218/2007, de 29 de maio, reforça as atribuições do Alto-Comissariado da Saúde, incluindo no domínio do planeamento estratégico e das relações internacionais.

[195] Resolução do Conselho de Ministros n.º 84/2005, de 7 de abril.

[196] DL n.º 134/05, de 16 de agosto.

[197] O ministro Luís Filipe Pereira, no Governo anterior, transformara alguns hospitais públicos em sociedades anónimas (SA), no quadro da Lei n.º 27/2002, de 8 de novembro, que estatui a possibilidade de opção por diferentes figuras jurídicas.

[198] DL n.º 101/2006, de 6 de junho.

Em 2006, é publicada a nova Lei Orgânica do Ministério da Saúde, em resultado do Programa de Reestruturação da Administração Central do Estado (PRACE).[199]

Em 2007, as administrações regionais de saúde (ARS) ocupam-se do desenho e implementação de planos regionais, em harmonia com o Plano Nacional de Saúde.[200]

Também em 2007, é publicado o Relatório Científico II *MinUrar* sobre os efeitos na saúde da população das minas de urânio e seus resíduos. O relatório compreende estudos com polónio e chumbo radioativos, incluindo contaminação no cabelo e no organismo, bem como os efeitos genotóxicos na população que comprovam efeitos na saúde da população exposta, residente em Canas de Senhorim, comparada com outro grupo não exposto.[201]

Em 2007, entram em funcionamento as unidades de saúde familiar e no ano seguinte os agrupamentos de centros de saúde.[202] No processo de implementação das novas unidades destacam-se os contributos de Luís Pisco (Lisboa), Victor Ramos (Lisboa), João Lemos (1951–2022), em Beja, e Rui Lourenço (Algarve), entre outros.[203]

Também em 2007, é lançado o Programa Nacional de Saúde Reprodutiva, no quadro da DGS, e nomeado como coordenar nacional o obstetra Jorge Branco. O Programa é, igualmente, desenvolvido pelas obstetras Beatriz Calado e Lisa Ferreira Vicente.[204]

Em 2007, é inaugurada a «Linha Saúde 24», como parceria público-privada (PPP), enquadrada na DGS. Na gestão da PPP por parte do Estado, destacam-se, sucessivamente, Manuel Teixeira, Filomena Parra e Catarina Sena (1972–2020).

Em 2008, é publicada nova legislação que cria agrupamentos de centros de saúde (ACES), com o estatuto de serviços públicos com autonomia administrativa. Os ACES compreendem unidades funcionais, nomeada-

[199] DL n.º 212/2006, de 27 de outubro.

[200] Portaria n.º 649/2007, de 30 de maio.

[201] Ao Grupo de Coordenação do Relatório Científico I junta-se Maria Guida Boavida.

[202] DL n.º 298/2007, de 22 de agosto, e DL n.º 28/2008, de 22 de fevereiro.

[203] Lideram, igualmente, o movimento da Clínica Geral, entre outros, os seguintes médicos: Nuno Grande, António Gomes Branco, Mário da Silva Moura, José Guilherme Jordão, André Rosa Biscaia e Luís Rebelo.

[204] Despacho n.º 15304/2007, de 12 de julho.

mente: unidades de saúde familiar; de cuidados personalizados; cuidados na comunidade; unidades de Saúde Pública, entre outras.[205]

Também em 2008, por iniciativa do ministro Correia de Campos, é instituído o Cheque-Dentista, que visa promover a saúde oral na perspetiva da prevenção e tratamento da cárie dentária em grávidas, crianças, idosos, população pobre e pessoas infectadas com VIH/SIDA. O programa, concebido pela Universidade de Aveiro, é desenhado por Jorge Simões.[206]

Ainda em 2008, Portugal adota, formalmente, o novo Regulamento Sanitário Internacional (2005) da Organização Mundial da Saúde.[207]

No mesmo ano, tem lugar, em Lisboa, a Conferência da *European Public Health Association* (EUPHA), que junta 1500 participantes e tem como tema central de debate a «Inovação em Saúde».

Também em 2008, é lançada a Ação de Saúde para Crianças e Jovens em Risco, dinamizada por Vasco Prazeres (DGS), que organiza uma rede nacional de núcleos de apoio a crianças e jovens em risco. Neste contexto, são criadas equipas interdisciplinares, quer ao nível dos centros de saúde quer de hospitais, em articulação com outras instituições, para prevenção, identificação e acompanhamento de crianças e jovens vítimas de maus-tratos.

Em 2008 e 2009, no contexto do Instituto Nacional de Saúde Doutor Ricardo Jorge e da Direção-Geral da Saúde, é desenhada, criada e desenvolvida a Rede de Vigilância de Vetores (REVIVE), que monitoriza os diferentes mosquitos que representam riscos para a Saúde Pública, nomeadamente culicídeos. Em 2011, a vigilância é alargada a ixodídeos e a seguir aos flebótomos. Desde então, as espécies hematófagas são taxonomicamente agrupadas e analisadas para identificação da presença eventual de agentes patogénicos.[208]

205 DL n.º 28/2008, de 22 de fevereiro.

206 Despacho n.º 4324, de 22 de janeiro de 2008. Desde a criação até 30-09-2022 foram emitidos 1 585 465 cheques-dentista e utilizados 1 061 299 (67%) por 537 161 utentes, o que corresponde a despesa de 195 milhões de euros.

207 Ministério dos Negócios Estrangeiros — Aviso n.º 12/2008, de 23 de janeiro.

208 Em 2005, são identificadas populações de *Aedes aegypti* na Madeira. Em 2017, é confirmada a existência de colónias de *Aedes albopictus* no norte do continente e no ano seguinte no Algarve. Ambas as espécies são invasoras, constituindo riscos de transmissão de dengue, zika e chicungunha.

Em 2009, é aprovada a Estratégia Nacional para a Qualidade na Saúde. Neste quadro, o Departamento da Qualidade na Saúde, da DGS, que sucede ao Instituto da Qualidade em Saúde, desenvolve iniciativas na perspetiva da melhoria contínua quer da qualidade clínica quer da qualidade organizacional. O médico Alexandre Diniz dinamiza o Departamento. O programa de acreditação adotado é o da Agência da Qualidade Sanitária (ACSA) da Andaluzia. Neste contexto, no ano seguinte, é celebrado um Protocolo de Cooperação entre a DGS e ACSA, que atribui ao Departamento da Qualidade na Saúde direitos exclusivos sobre as licenças de utilização do respetivo modelo.[209]

No mesmo ano, 2009, é publicada legislação sobre a educação sexual em meio escolar, em estabelecimentos de ensino básico e do ensino secundário.[210]

Também em 2009, é inaugurado o primeiro banco de leite materno na Maternidade Alfredo da Costa, em Lisboa.

No mesmo ano, é reestruturada a organização dos serviços operativos de Saúde Pública.[211]

Ainda em 2009, é aprovada a lei que cria o sistema de vigilância em Saúde Pública (SINAVE) e o Conselho Nacional de Saúde Pública, que constitui a base científica de apoio à decisão de respostas perante a identificação de uma emergência de Saúde Pública.[212]

Por esta altura, em Portugal, desenvolve-se a investigação científica sobre microplásticos no quadro do Centro de Ciências do Mar e do Ambiente da Universidade Nova de Lisboa e surgem as primeiras observações que comprovam efeitos preocupantes destes poluentes em Saúde Pública através da cadeia alimentar.[213]

Em 2010, os Serviços Partilhados do Ministério da Saúde são criados com a missão de centralizar, otimizar e racionalizar a aquisição de bens e serviços, incluindo, entre outras, na área de tecnologias de informação e da gestão do Centro de Atendimento do SNS.[214]

[209] Em 31 de maio de 2022, estão em processo de certificação ativa 482 unidades de saúde, das quais 294 concluíram os procedimentos de acreditação, sem prejuízo da continuação de certificações periódicas.

[210] Lei n.º 60/2009, de 6 de agosto.

[211] DL n.º 81/2009, de 2 de abril.

[212] Lei n.º 81/2009, de 21 de agosto.

[213] Em Portugal, têm sido encontrados microplásticos no tubo digestivo de peixes e bivalves.

[214] DL n.º 19/2010, de 22 de março.

A crise do sobre-endividamento de Portugal impõe, a partir de março de 2010, sucessivos programas de estabilidade e crescimento (PEC 1, PEC 2, PEC 3). A fragilidade da economia e a continuação de problemas financeiros fazem cair o Governo, ao não conseguir aprovar o pacote de medidas PEC 4. Pouco tempo depois, a 6 de abril de 2011, o Governo solicita à troika (FMI, BCE e Comissão Europeia) a assistência financeira no montante de 78 mil milhões de euros. O respetivo memorando é assinado a 17 de maio do mesmo ano.

Em 2010, por iniciativa da ministra Ana Jorge, o Alto-Comissariado da Saúde é extinto e as respetivas atribuições transferidas para a Direção-Geral da Saúde.

A 5 de outubro de 2010, é inaugurada a Fundação Champalimaud, que, desde então, marca a investigação clínica em soluções cirúrgicas inovadoras, incluindo a partir de 2021, no âmbito do cancro do pâncreas. A Fundação é presidida por Leonor Beleza.[215]

Em 2011, o Censo indica 10 562 000 habitantes. A população com ensino secundário e pós-secundário é de 16,7%. A taxa de analfabetismo é de 5,2%.

Também em 2011, por orientação do ministro Paulo Macedo e no quadro das ações programáticas da *troika*, o Departamento da Qualidade na Saúde, da DGS, em conjunto com a Ordem dos Médicos, emite Normas de Orientação Clínica (NOC) para diagnóstico e tratamentos das principais causas de morbilidade e mortalidade. No essencial, verifica-se uma adesão generalizada, devido ao rigor científico das normas emitidas que contribuem para a melhoria e segurança da prática clínica em Portugal.

Em 2012, a publicação da Lei de Bases dos Cuidados Paliativos representa um avanço que assegura respostas concretas no âmbito da Rede Nacional de Cuidados Paliativos que é criada.

Em 2013, ocorre nova onda de calor em Portugal, provocando um excesso de mortalidade de 1680 óbitos, dos quais 74% ocorrem em pessoas com 75 ou mais anos.

Ainda em 2013, a patologista clínica Maria José Rego de Sousa introduz em Portugal o rastreio pré-natal *Harmony* como teste não invasivo, de fiabilidade comprovada, destinado ao diagnóstico precoce presuntivo

[215] *Botton-Champalimaud Pancreatic Cancer Centre,* dedicado à investigação e ao tratamento do cancro do pâncreas.

de trissomias (21, 18 e 13) e aneuploidias relacionadas com os cromossomas sexuais X e Y. O novo teste analisa os fragmentos de ADN livre fetal em circulação no sangue materno a partir das dez semanas de gravidez, indicado quando há risco combinado ecográfico e bioquímico.[216]

Em 2014, na perspetiva da apresentação de uma proposta para um novo pacto para a Saúde, a Fundação Calouste Gulbenkian reúne um conjunto de conceituados especialistas, nomeadamente: Nigel Crisp (presidente), Donald Berwick, Ilona Kickbusch; Wouter Bos, João Lobo Antunes, Pedro Pita Barros e Jorge Soares. No final dos trabalhos, expõem um bem elaborado relatório que contém três principais desafios: reduzir as infecções hospitalares, suster o crescimento da incidência da diabetes e desenvolver o apoio às crianças.

No seguimento da «crise» do acesso ao tratamento da hepatite C, em 2015, e das recomendações da OMS, é criado na DGS o Programa Nacional para as Hepatites Virais, dirigido por Rui Tato Marinho.

A participação de representantes da Sociedade Civil e de cidadãos utilizadores no processo de gestão do Serviço Nacional de Saúde é considerada necessária, desde a aprovação da Lei de Bases, em 1990. Neste sentido, e apesar de a criação do Conselho Nacional de Saúde (CNS) estar prevista desde então, há uma prolongada omissão de produção legislativa, durante mais de 25 anos, que só termina com a instituição formal do CNS, em 2016, por iniciativa do ministro Adalberto Campos Fernandes. O primeiro presidente do CNS é Jorge Simões.[217]

A partir de 2016, o sector privado, no contexto do Sistema de Saúde, continua a crescer. Já nesse ano, um terço das camas hospitalares totais são privadas, tal como, no mesmo ano, um terço das consultas externas também são prestadas pelo sector privado.

Em 2016, é desativado o reator nuclear de Sacavém. Três anos depois, o respetivo combustível nuclear é enviado para os Estados Unidos da América. Portugal fica, assim, sem qualquer instalação nuclear.

. Também em 2016, iniciam-se consultas de Medicina Dentária em determinados centros de saúde.

No mesmo ano, António Guterres é eleito como secretário-geral da ONU e, depois, reeleito para um segundo mandato em 2021.

[216] Em caso de positividade, este teste deve ser secundado por um teste invasivo (biopsia das vilosidades coriónicas ou amniocentese).

[217] DL n.º 49/2016, de 23 de agosto.

Nesse ano, o Banco Espírito Santo entra em liquidação.[218]

Ainda em 2016, Lisboa acolhe, pela primeira vez, a mais importante conferência em tecnologias, a Web Summit, evento que volta a acontecer em Lisboa, no quadro de uma parceria de dez anos estabelecida com o Governo português.

Em 2016 e 2017, por iniciativa de Adalberto Campos Fernandes e Fernando Araújo, são desenvolvidos programas prioritários que são cofinanciados pelos resultados líquidos dos jogos sociais da Santa Casa da Misericórdia de Lisboa, nomeadamente os programas nacionais para: Prevenção e Controlo do Tabagismo; Doenças Cérebro-Cardiovasculares; Infecção VIH/SIDA; Promoção da Alimentação Saudável; Doenças Oncológicas; Prevenção e Controlo de Infecções e de Resistência aos Antimicrobianos; Promoção da Atividade Física; Doenças Respiratórias e o Programa Nacional para a Saúde Mental.[219]

Em 2018, ocorre, em Portugal, nova onda de calor, que origina um excesso de mortalidade de 700 óbitos, dos quais 71% com 75 ou mais anos de idade.

No mesmo ano, é publicada legislação sobre situações resultantes da exposição a radiações, incluindo radioativas, que estabelece medidas de proteção em função da fonte da sua origem.[220]

Também em 2018, é publicada nova legislação que estabelece normas para prevenção e controlo da doença dos legionários.[221]

Em 2018 e 2019, antes da emergência da pandemia covid-19, a transição epidemiológica é marcada pelo peso relativo, superior a 87%, que as doenças crónicas representam em Portugal.

Em 2019, é criado o Programa Nacional de Prevenção da Violência no Ciclo de Vida, coordenado pela psicóloga Daniela Machado.

No mesmo ano, a ministra Marta Temido lidera o processo que conduz à aprovação de Nova Lei de Bases pela Assembleia da República.[222]

[218] Em 2022, estima-se que a crise bancária em Portugal tem custos superiores a 55 mil milhões.

[219] É neste âmbito que são aprovadas diversas medidas, designadamente a redução da gramagem de pacotes de açúcar, regulamentação de máquinas automáticas de venda de alimentos, imposto especial para refrigerantes açucarados, restrições à publicidade de alimentos para crianças, diminuição do consumo de sal na alimentação, etc.

[220] DL n.º 108/2018, de 3 de dezembro.

[221] Lei n.º 52/2018, de 20 de agosto.

[222] Lei n.º 95/2019, de 4 de setembro.

Igualmente em 2019, é publicado o Plano Nacional de Combate à Resistência aos Antimicrobianos 2019–2023, por iniciativa conjunta da Direção-Geral da Saúde, da Direção-Geral de Alimentação e Veterinária e da Agência Portuguesa do Ambiente.

Em 2020, no dia 2 de março, em Portugal, é anunciada a confirmação do diagnóstico de covid-19 em dois doentes internados no Porto (um no Hospital de Santo António e outro no Hospital de São João). Durante mais de dois anos e meio ocorrem sucessivas ondas da pandemia em Portugal.[223]

Em 2020, emerge uma epidemia de doença dos legionários nos concelhos de Matosinhos, Vila do Conde e Póvoa do Varzim. Registam-se, entre 29 de outubro e 29 de dezembro, 88 doentes, dos quais nove óbitos.

Em 2021, o recenseamento da população regista 10 347 000 habitantes, que traduz um decréscimo de 2% em comparação com 2011. O envelhecimento da população residente acentua-se, ameaçando a reposição de gerações seguintes devido à contínua redução da natalidade e fecundidade (14% dos nascimentos são crianças de mães imigrantes). A população com ensino secundário e pós-secundário aumenta para 24,7%. A taxa de analfabetismo desce para 3,1%.

Nesse ano, a DGS lança o Programa Nacional de Promoção da Saúde Oral no horizonte 2021–2025, que tem como objetivos estratégicos a promoção da higiene oral ao longo da vida.

Em outubro de 2021, a comissão técnica, criada pelo primeiro-ministro, apresenta a proposta de Anteprojeto de Lei de Proteção em Emergência de Saúde Pública.[224] O Anteprojeto é colocado em debate público e gera dúvidas sobre a constitucionalidade de medidas enunciadas.

Em 2021 e 2022, são publicados dados sobre a acessibilidade ao planeamento familiar, nomeadamente os resultados da análise do mercado sobre o consumo de pílula do dia seguinte, em Portugal: confirmam que cerca de 180 mil pílulas de contraceção de emergência são, anualmente, consumidas e adquiridas, tanto em farmácias como parafarmácias ou nas unidades do SNS.[225]

[223] A pandemia, em Portugal, é adiante resumida.
[224] Despacho n.º 6668/2021, de 1 de julho.
[225] Dados cedidos pela empresa farmacêutica Gedeon Richter.

Também em 2021 e 2022, na Europa, incluindo Portugal, ocorre uma vasta epizootia de gripe aviária de alta patogenicidade, com predominância do subtipo A(H5N1). Medidas de prevenção e controlo são tomadas, em Portugal, pelas autoridades de veterinária. Não são diagnosticados casos em seres humanos.

Em 2022, o Governo aprova o Plano de Ação para a Prevenção da Violência no Sector da Saúde, atendendo ao elevado número de atendimentos (80 milhões por ano de contactos entre um utente e um profissional de saúde).[226]

No verão de 2022, são divulgadas as imagens correspondentes às observações alcançadas pelo supertelescópio espacial James Webb. A astrónoma portuguesa Catarina Alves de Oliveira assume papel de relevo na parceria criada entre a NASA, o Canadá e a Agência Espacial Europeia. As pesquisas confirmam que a origem do Universo aconteceu há 13 770 000 000 anos, quando surge, pela primeira vez, a criação de matéria e os conceitos de tempo e de espaço.[227]

Em junho de 2022, o acórdão do Tribunal Constitucional decide pela inconstitucionalidade formal e material de medidas equivalentes às previstas no Anteprojeto de Lei de Proteção em Emergência de Saúde Pública, pelo que o processo legislativo não segue a tramitação inicialmente prevista.[228]

Também em 2022, o Ministério da Saúde, no período de acalmia da pandemia covid-19, é confrontado com dificuldades em assegurar escalas que possibilitem o funcionamento de serviços de obstetrícia, motivo que leva a ministra Marta Temido a demitir-se, depois de ter organizado as respostas às sucessivas ondas da pandemia de covid-19, com reconhecida qualidade e capacidade de liderança.

Ainda em 2022, no Hospital de São João, é inaugurado o primeiro banco de leite materno no norte do país.

Nesse ano, à semelhança de outros países da Europa, Portugal é confrontado com a crise energética, no seguimento do conflito militar entre a Rússia e a Ucrânia. A pressão inflacionista agrava as condições de vida de muitos portugueses.[229]

[226] Resolução do Conselho de Ministros n.º 1/2022, de 5 de janeiro.

[227] Catarina Alves de Oliveira trabalha no Centro de Operações Científicas da Agência Espacial Europeia.

[228] Acórdão n.º 464/2022, de 24 de junho.

[229] Para Paulo Macedo, em 2022, «instala-se um clima social negativo, ao mesmo tempo que os indicadores económicos do mesmo ano são positivos» (declarações proferidas na Covilhã a 26 de setembro no quadro da análise à crise energética).

A partir de 1 de outubro de 2022, o isolamento de doentes com covid-19 deixa de ser obrigatório. Até essa data, a pandemia origina cerca de 25 mil óbitos em Portugal.

Em 2022, é publicado novo Estatuto do Serviço Nacional de Saúde, que estipula, em termos de organização: «Os serviços de Saúde Pública têm como funções promover a saúde, prevenir a doença e prolongar a vida saudável da população, atuando na preparação e resposta a emergências de Saúde Pública, em articulação com a saúde alimentar, ambiental e animal».[230] Este Estatuto, aprovado por proposta da ministra da Saúde, é considerado inovador, ao criar a Direção Executiva do SNS. Também por iniciativa de Marta Temido, é publicada a orgânica desta nova entidade, como instituto público de regime especial, que representa uma mudança orgânica muito relevante, desde a lei fundadora do SNS. Assume a missão de coordenar a resposta assistencial do SNS a todos os níveis, adotando competências novas, além de outras até aí exercidas pela ACSS e pelas cinco ARS.[231]

O novo Estatuto do SNS produz efeitos em duas etapas, primeiro a 5 de agosto de 2022, para a maioria das disposições, e depois a 1 de janeiro de 2023, sobre a autonomia dos agrupamentos de centros de saúde (ACES).[232]

O ministro Manuel Pizarro dá sequência às disposições previstas no Estatuto, nomeando o diretor executivo e o seu conselho de gestão e decidindo que a sede do novo organismo é no Porto.

Em 2022, no seguimento da invasão da Ucrânia pela Rússia, tem início uma grave crise social, associada à pressão inflacionista, que atinge países europeus, incluindo Portugal.

Também em 2022, são criadas organizações na área da Saúde Pública, nomeadamente: a Sociedade Portuguesa de Literacia em Saúde, a Sociedade Portuguesa de Saúde Pública, o Observatório Literacia em Saúde e o Conselho Português para a Saúde e Ambiente. O novo Conselho define como principal missão dar contributos para diminuir o impacto das alterações climáticas e reduzir a pegada ecológica do sector da

230 Extrato do artigo 12.º do DL n.º 52/2022, de 4 de agosto.

231 DL n.º 52/2022, de 4 de agosto; DL n.º 61/2022, de 23 de setembro.

232 A legislação prevê que a direção executiva produz efeitos a 1 de janeiro de 2023, podendo a nomeação do diretor ocorrer a 1 de outubro.

saúde, que é responsável, ao nível global, por 4,4% da emissão de gases com efeito de estufa.

CONCEITO DE SAÚDE PÚBLICA PARA O NOVO *MILLENNIUM*

A célebre definição de Saúde adotada, em 1948, pela Organização Mundial da Saúde, continua a ser citada como «um estado de completo bem-estar físico, mental e social e não somente ausência de doença ou enfermidade».

Halfdan Mahler, em Alma-Ata (1978), insiste na componente socioeconómica e participação intersectorial, na perspetiva da «Saúde em todas as políticas». A prosperidade associada, necessariamente, à Saúde Pública passa a integrar a agenda dos Governos democráticos.

Para o epidemiologista americano George Rosen (1910–1977), a definição de Saúde Pública refere-se à consciência desenvolvida, por parte da comunidade, da importância do seu próprio papel na promoção da saúde, prevenção e tratamento da doença.

Já no novo *millennium*, tem sido referido que:

> A Saúde Pública é área do conhecimento que visa prolongar a vida, mediante implementação de medidas de prevenção de doenças e de promoção da saúde, organizadas tanto pelo Estado como pela sociedade. A Saúde Pública tem como meta principal diferir o final da vida, isto é, reduzir a mortalidade antes de tempo (prematura) e, também, melhorar a qualidade de vida, através do envolvimento multissectorial e, sobretudo, da participação da população. Relaciona-se com o desenvolvimento social e com o bem-estar, e tem como principal objetivo a prosperidade. Para tal, formula, gere e avalia planos, programas e projetos, incluindo de literacia, que procuram reduzir riscos e causas de morbilidade e mortalidade. Está focada no indivíduo, na família, na comunidade em interação com ambiente. Promove boas práticas em regime de coprodução. Procura eliminar iniquidades e desigualdades. Assegura respostas rápidas a emergências esperadas ou inesperadas. Produz novos conhecimentos científicos em resultado da investigação e da análise de informação.

Assenta principalmente na prevenção de doenças e promoção da saúde. A todos os níveis. O seu propósito é acrescentar anos à vida com a máxima qualidade possível. Tem como objetivo reduzir a morte prematura e adiar

> o fim da vida, através da aplicação de medidas adequadas para prevenir doenças e promover a saúde.[233]

A *European Public Health Association* (EUPHA) define Saúde Pública como «a ciência e a arte de prevenir doenças, prolongar a vida e promover a saúde e o bem-estar através de esforços organizados e de escolhas informadas da sociedade, das organizações, quer públicas quer privadas, das comunidades e individuais e inclui a vasta área da investigação sobre serviços de saúde, prestação de cuidados de saúde e organização de sistemas de saúde».

Em 2013, a OMS/EUROPA define as operações essenciais em Saúde Pública[234], enumerando as dez componentes seguintes: vigilância da saúde e do bem-estar; monitorização e respostas a emergências; proteção da saúde, incluindo, além de outras componentes, ambiental, ocupacional e segurança alimentar; promoção da saúde, incluindo o controlo de determinantes sociais e a eliminação de iniquidades; prevenção da doença, incluindo diagnóstico precoce; garantir a governança da saúde e bem-estar; assegurar recursos humanos suficientes e competentes; garantir que as estruturas e financiamento são sustentáveis; advocacia, comunicação e mobilização social para a saúde; desenvolver a investigação em Saúde Pública.

A Saúde Pública tem, portanto, como essência evitar doenças, quer agudas quer crónicas, bem como proteger ou conservar a saúde, em articulação com outros sectores, designadamente com a Veterinária e o Ambiente, na ótica de *ONE HEALTH.*

DETERMINANTES E GANHOS EM SAÚDE

Viver a existência longamente e com saúde é a primeira aspiração individual. A prosperidade e o bem-estar constituem objetivos normais que devem estar ao alcance de todos.

[233] Texto construído a partir do ensaio «Prevenir Doenças e Conservar a Saúde», do autor (FG), publicado pela Fundação Francisco Manuel dos Santos, em 2019.

[234] Operações resumidas pela sigla correspondente à língua inglesa EPHO (*Essential Public Health Operations*).

O relatório de 1847 que o médico alemão Rudolf Virchow (1821–1902) publicou sobre a epidemia de tifo na Alta Silésia (Polónia), na população mineira, identifica que a origem da epidemia estava nas más condições de trabalho nas minas, agravadas pelos baixos salários e pela miséria generalizada que aí prevalecia. Fica, assim, provada a associação entre a incidência da doença e as questões sociais relacionadas com a pobreza.

> No seguimento da pandemia de gripe asiática, Arnaldo Sampaio assinalou, em 1958, que a incidência de gripe apresentava uma relação proporcional inversa com os rendimentos das famílias inquiridas. Observou que a taxa de ataque (taxa de incidência) era quase dupla nos agregados familiares de classes com nível económico mais baixo (60%), quando comparada com a incidência nas famílias de rendimentos altos (32%).
>
> Mais recentemente, o epidemiologista inglês Michael Marmot comprovou a existência de um gradiente social na saúde (e também a presença desse gradiente social na doença e na mortalidade) em populações com condições de vida distintas quer na posição social, quer na ocupação de trabalho. Esses fossos (*gaps*, resultantes dos gradientes sociais) podem ser demonstrados tanto em residentes no mesmo país como comparando países entre si em função do grau de desenvolvimento económico-social. Os estudos de Marmot comprovam que, em Inglaterra, existe um gradiente social no processo de envelhecimento. Demonstram que o início dos sintomas clínicos referentes à doença, à incapacidade ou à perturbação cognitiva ocorre 15 anos mais tarde nos indivíduos com colocação social alta, quando comparados com os que pertencem a grupos de classe social baixa. Isto é, os ricos vivem mais tempo do que os pobres.
>
> A maior longevidade e maior qualidade de vida estão associadas a rendimentos familiares elevados.[235]

Os trabalhos e as propostas formuladas por Marmot, em pleno novo *millennium*, surpreendem as autoridades dos países industrializados da União Europeia.[236]

[235] Extratos do ensaio do autor (FG) citado nas referências bibliográficas (Ensaios da Fundação Francisco Manuel dos Santos).

[236] Sublinha-se que este tema tem sido motivo de estudos, em Portugal, desde os anos 80 da centúria anterior.

No século XXI, a pobreza permanece e continua a constituir um risco para a saúde da população, tal como Edwin Chadwick (1800–1890) já tinha, pela primeira vez, demonstrado no século XIX: «as pessoas adoecem porque são pobres, mantêm-se pobres porque estão doentes, e continuam doentes porque são pobres».

No novo *millennium*, as condições de vida continuam a ter relação de reciprocidade, proporcionalmente inversa, com a saúde individual e familiar. Como anteriormente, quer os rendimentos, a escolaridade, os estilos de vida (alimentação, exercício físico, tabagismo...), quer o ambiente envolvente são determinantes sociais que podem ser ignoradas.

Neste contexto, reconhecem-se, em Portugal, elevadas taxas de sedentarismo, de excesso de consumo de calorias, sal e açúcar, bem como de álcool. O tabagismo persiste como problema de Saúde Pública.

Por essa razão, em 2009, é aprovada legislação que estabelece limites máximos ao teor de sal no pão, bem como para a rotulagem de alimentos pré-embalados destinados ao consumo humano.[237]

A noção de ganhos em saúde (*health gains*) no novo *millennium* passa a representar uma preocupação para as autoridades sanitárias, em particular no conjunto da União Europeia. Estes ganhos são monitorizados, medidos regularmente, não só através da evolução da mortalidade com menos de 70 anos de idade, mas também pela importância relativa devida à incapacidade.

Os avanços alcançados ao nível da informação, designadamente o SICO[238], passam a permitir medir com precisão e rapidez a idade da morte e a sua causa. Nestes termos, também passou a ser praticado o cálculo da dimensão de ganhos ou perdas anuais por cada programa, conforme há menos mortes prematuras ou mais, pela respetiva doença que é alvo do programa em causa.

Na mesma ótica, a partir de 2014, com a entrada em produção do SICO, a estimativa da carga global da doença (DALY)[239], também designada como *burden*, é obtida a partir da soma dos anos potenciais de vida perdida e da incapacidade.[240]

[237] Lei n.º 75/2009, de 12 de agosto.

[238] Sistema de Informação de Certificados de Óbito (registos por via eletrónica, a partir de 2014).

[239] DALY é a sigla para *Disability Adjusted Life Years*.

[240] Os anos potenciais de vida perdidos correspondem à diferença aritmética entre a idade da morte e a barreira de 70 anos (a morte abaixo de 70 anos é considerada prematura). Já a

A tendência positiva desses dois indicadores (ou seja, a sua diminuição) traduz a obtenção de mais ganhos, tanto em saúde como na área social — e também, paralelamente, na economia. Há uma relação, diretamente proporcional, entre a baixa posição social e a precariedade do estado de saúde. Essa relação demonstra a pobreza como risco principal de doença e de morte prematura.[241]

A estas observações epidemiológicas juntam-se os trabalhos dos sociólogos que fundamentam a necessidade de serem estabelecidos programas de elevação social.

São ainda preocupações[242] o insucesso escolar, o abandono precoce da escola, a gravidez de adolescentes, o fumo de tabaco em jovens, o abuso de álcool, os comportamentos aditivos, o desemprego de recém-diplomados, entre outros problemas.

No quadro da crise social e económica do verão de 2022, que se segue à invasão da Ucrânia pela Rússia,[243] os Governos europeus tomam medidas inéditas na tentativa de resolverem carências alimentares e de energia. Em Portugal, à semelhança de outros Estados-membros da União Europeia, o Conselho de Ministros aprova um pacote especial no sentido de reduzir os efeitos da inflação e da crise energética sem precedentes.

ÉTICA EM SAÚDE PÚBLICA NO NOVO *MILLENNIUM*

Todos os programas e ações desenvolvidos em saúde adquirem, no novo *millennium*, maior exigência na dimensão ética. A conduta de cada pessoa ou entidade constitui o âmago da ética. A observação dos princípios de ética é julgada tanto ao nível individual como pela coletividade. Cada um julga se determinada conduta respeita a ética exigida para esta ou aquela atitude; este ou aquele facto; esta ou aquela ação. Ajuíza os valores, relativos e absolutos, da ética, sem qualquer envolvimento judicial. A ética distingue-se da lei.

incapacidade resulta da estimativa, por método indireto, calculada por um grupo de peritos, para cada condição, em função do respetivo diagnóstico.

241 Assunto colocado no último capítulo sobre desafios.

242 Atente-se que muitos dos problemas mencionados têm natureza evitável.

243 A invasão da Ucrânia tem início a 24 de fevereiro de 2022.

O filósofo austríaco Wittgenstein sintetiza que a ética é a investigação «sobre o modo certo de viver».

Em 2009, o Conselho Nacional de Ética para as Ciências da Vida (CNECV)[244] começa a funcionar junto da Assembleia da República, assumindo, desde então, como órgão independente, funções consultivas nas áreas da Medicina, da Biologia e da Saúde.

Em 2006, é instituído o Conselho Nacional de Procriação Medicamente Assistida (CNPMA) com a competência de se pronunciar sobre questões de ética, sociais e legais da procriação medicamente assistida.

Em 2012, é criado o Serviço de Intervenção nos Comportamentos Aditivos e nas Dependências (SICAD) que sucede nas atribuições ao Instituto da Droga e da Toxicodependência.[245] Junto do novo Serviço, funciona o Conselho Nacional para os Problemas da Droga, das Toxicodependências e do Uso Nocivo do Álcool. O médico João Goulão dirige o Serviço.

Em 2015, o neurocirurgião João Lobo Antunes (1944–2016) preside ao CNECV. Publicara o ensaio «A nova Medicina», em 2012, onde equaciona os grandes debates atuais da ética, que têm, na sua opinião, «raízes no Iluminismo, quando a ciência da moral e a moral da ciência começaram a animar um debate que persiste até hoje».[246] Lobo Antunes salienta que «a doença é um acontecimento espiritual que agarra o corpo e o espírito, e que a ambos perturba, e a visão redutora e mecanicista da medicina moderna não é satisfatória. É por isso legítimo falar de uma ética de sentimentos onde cabem a decência, a amabilidade, a empatia, a devoção, o serviço, a generosidade, o altruísmo, o sacrifício, e — porque não mencioná-lo — o amor ao próximo».[247]

NOVAS TECNOLOGIAS EM SAÚDE PÚBLICA

Cátia Sousa Pinto, Sérgio Dinis e *Gonçalo Sousa Lourenço*

Em Portugal, a partir de 2010, os Serviços Partilhados do Ministério da Saúde (SPMS) e a Direção-Geral da Saúde (DGS) desenvolvem, em

[244] Instituído em 1990.

[245] DL n.º 17/2012, de 26 de janeiro.

[246] João Lobo Antunes debruça-se sobre os debates atuais em torno do «testamento vital», da eutanásia, da clonagem reprodutiva ou da investigação biomédica com seres humanos.

[247] João Lobo Antunes destaca aquilo a que chama «a ética de *sentimentos*».

conjunto, um vasto plano, baseado na introdução de novas tecnologias, assentes em inovadoras plataformas de Internet. Henrique Martins (SPMS) e Cátia Sousa Pinto (DGS) distinguem-se no desenho e concretização dos principais projetos.

Assim acontece com o SICO, SINAVE, VACINAS, NASCER CIDADÃO, SAÚDE 24, entre outros sistemas inovadores, nomeadamente as plataformas destinadas à vigilância genómica para partilha de dados entre o Instituto Nacional de Saúde Doutor Ricardo Jorge e a Direção-Geral da Saúde, incluindo, quando oportuno, com o *European Centre for Disease Prevention and Control* (ECDC).[248]

O Sistema Nacional de Informação de Vigilância Epidemiológica (SINAVE)[249] estabelece um novo modelo de vigilância em Saúde Pública para identificar, recolher, atualizar, analisar e divulgar dados sobre doenças transmissíveis e outros riscos de Saúde Pública, bem como elaborar planos de contingência em caso de emergências ou situações de calamidade pública. A nova lei cria uma rede nacional, envolvendo serviços públicos de saúde, laboratórios, autoridades de saúde e outras entidades dos sectores público, privado e social.

O sistema é operacionalizado através de notificação clínica obrigatória, eletrónica, de doenças transmissíveis desde 1 de janeiro de 2015, e concluído, em 2016, com notificação laboratorial, também eletrónica e obrigatória, permitindo a vigilância integrada, clínica e laboratorial.[250]

O novo regulamento de notificação obrigatória de doenças transmissíveis e de outros riscos para a Saúde Pública constitui, assim, a alteração mais profunda do sistema de vigilância epidemiológica.[251] Passa a estabelecer notificações, sob a forma de comunicações eletrónicas, em tempo real, pelos médicos de instituições públicas, privadas e sociais para as unidades de Saúde Pública e autoridades de Saúde. Possibilita, nestes termos, a interação por meio de *software*, disponível na rede mundial de computadores, que garante a agilidade e a confidencialidade necessá-

[248] Estas tecnologias asseguram, igualmente, a partilha de dados entre o Instituto Nacional de Saúde Doutor Ricardo Jorge e a Direção-Geral da Saúde respeitantes à listeriose.

[249] Criado pela Lei n.º 81/2009, de 21 de agosto.

[250] DL n.º 248/2013, de 5 de agosto.

[251] O antigo sistema de notificação em modelo de três cópias em papel químico, expedido por correio, pela demora que implica, é considerado, em 2015, obsoleto.

rias para a intervenção das autoridades de Saúde e dos serviços de Saúde Pública na prevenção e controlo de doenças transmissíveis.

O Sistema de Informação de Certificados de Óbito (SICO) permite perceber em tempo real o número e as causas de óbitos ocorridos em cada momento. Representa um novo paradigma em estatísticas de mortalidade.

A transformação digital da saúde baseia-se no compromisso da evolução em Medicina, em planeamento da saúde e vigilância, em usar ferramentas digitais revolucionárias para as quais o cérebro humano é considerado necessário.

As diferentes dimensões da Inteligência Artificial (IA) na sua aplicação em Saúde Pública e as implicações do grande volume de dados gerados em tempo real mudam o conceito tradicional de prevenção e controlo de doenças. Ao melhorar a capacidade de recolher, analisar, gerir e trocar dados e informações, em tempo real, as tecnologias digitais melhoram a pontualidade e a precisão da tomada de decisões e facilitam a monitorização e a vigilância de doenças, a medicina de precisão e a modelagem e tratamento de doenças, incluindo doenças raras e patologias crónicas.

As abordagens tradicionais de vigilância são estruturas rígidas para contagem de casos específicos e sofrem de lentidão devido aos métodos de recolha de dados e processos burocráticos embutidos no sistema, além de lacunas na cobertura geográfica.

Está comprovada a importância do uso de IA em saúde, desde aplicações clínicas até decisões em políticas de Saúde Pública. No entanto, alguns desafios continuam a representar preocupações, nomeadamente sobre a definição de algoritmos e harmonização de procedimentos entre diferentes países. Combinar sistemas de vigilância-padrão com registos eletrónicos de saúde (EHR)[252] é a melhor abordagem para a vigilância da gripe nos Estados Unidos da América. Funciona de forma mais eficaz do que o mecanismo de busca relacionado como o Google e os dados de redes sociais (especificamente, o Twitter).

Em Saúde Pública, a monitorização é, por inerência, orientada a dados. O principal objetivo da monitorização da Saúde Pública é, tal como no passado, encontrar sinais precoces, precisos e confiáveis de anormalidades em saúde e epidemias, a partir de uma ampla variedade de fontes de dados.

[252] EHR, sigla, em língua inglesa, de *Electronic Health Record*.

A Inteligência Artificial é útil na vigilância de doenças infecciosas e na intervenção em Saúde Pública. Estatísticas de uso de redes sociais e aplicações da Internet, como pesquisas de palavras-chave, são amplamente estudadas para alerta precoce e resposta a epidemias de doenças infecciosas, categorização de palavras e análise de sentimentos de dados de redes sociais são realizadas usando técnicas de *machine learning* para testar novos sistemas de vigilância: dados gerados pelo Twitter, uma vez que os *tweets* são um complemento útil às estatísticas oficiais para vigilância da gripe, por exemplo, em alguns contextos. Além disso, modelos de *machine learning* foram usados para categorizar *tweets* sobre suicídio. Para identificar surtos de gripe, algoritmos de *machine learning* de processamento de linguagem natural têm sido usados para analisar registos clínicos de medicina de emergência com resultados promissores. Além disso, como o *machine learning* é usado para desenvolver modelos de previsão precisos e dinâmicos para o vírus zika, usando o Google Trends, pode ser útil para outras doenças.

O uso de técnicas de alerta precoce e deteção de surtos baseadas em redes sociais não é isento de problemas. A diversidade demográfica dos utilizadores da Internet, a falta de dados e recursos linguísticos em áreas empobrecidas e a variedade da distribuição geográfica dos dados são os principais obstáculos. Também é sabido que os modelos de aprendizagem supervisionados exigiriam uma quantidade significativa de dados rotulados para que tais abordagens funcionassem.

Há três tipos diferentes de sistemas de monitorização baseados na Internet: por um lado, os sistemas completamente automatizados, por outro, os pouco automatizados, e também os sistemas moderados.

Um exemplo de sistema moderado é o ProMED (Programa de Monitoramento de Doenças Emergentes). Um sistema parcialmente controlado, criado pelo Governo do Canadá, é o *Global Public Health Intelligence Network* (GPHIN), que processa, em média, 3 mil notícias por dia.

O ProMED e o GPHIN podem operar em vários idiomas. O *Medical Information System* (MedISys) da Comissão Europeia, o *Pattern-based Understanding and Learning System* (PULS) e o *HealthMap* são todos sistemas totalmente automatizados.

Para vigilância sindrómica em tempo real com base em dados de redes sociais, o novo sistema de *software* SENTINEL está em produção, baseado nos avanços atuais em *machine learning* e processamento de dados: reconhece surtos de doenças. A extração de dados internos, transformação, agregação e análise estatística são realizadas pelo sistema, uma vez que ele recebe dados de fontes sociais, de notícias e clínicas.

A deteção e o alerta precoce de epidemias de doenças infecciosas, a previsão de tendências e a modelagem e avaliação da resposta à Saúde Pública estão entre as principais funções da vigilância e resposta à Saúde Pública. As abordagens de IA têm sido amplamente utilizadas nos últimos anos para fazer esses trabalhos em situações extremamente dinâmicas, intrincadas e ricas em dados.

Em Portugal, a vigilância epidemiológica de doenças de notificação obrigatória conta com uma aplicação informática através da qual os profissionais de saúde de todo o país arquivam as notificações de casos prováveis com base nos sintomas, enquanto submetem amostras dos doentes aos laboratórios. Os dados são avaliados centralmente e pode levar dias ou semanas para identificar e responder a um surto. Se uma doença não for monitorizada rotineiramente, o atraso pode ser ainda maior.

O atual acesso generalizado à Internet e à saúde digital está a criar um reservatório de dados cada vez maior para epidemiologistas e investigadores começarem a recolher informação dessas diferentes fontes e entender os padrões populacionais. Ao combinar abordagens tradicionais de vigilância em Saúde Pública e novas formas de monitorização de doenças, as organizações de Saúde Pública podem ampliar o alcance e a capacidade de deteção e controlo de doenças.

Tomando a situação da covid-19 como exemplo, a complexidade inerente para entender como as doenças interagem com os indivíduos enfatiza a necessidade de uma ferramenta de Saúde Pública que acelere a vigilância e melhore o atendimento. A IA representa essa ferramenta e, como o sector de saúde depende fortemente de informações para resolver problemas, é uma oportunidade para enfrentar os desafios. Isso pode ser alcançado aproveitando as informações de saúde para apoiar o planeamento de políticas, a tomada de decisões e a vigilância em Saúde Pública. Para fazer isso, as barreiras de longa data que restringem a reutilização de dados de saúde precisam de ser derrubadas. Interoperabilidade, acesso a dados e qualidade são fundamentais.

Para treinar um modelo de IA em dados de EHR, em escala nacional, são necessários recursos de computação intensivos. Além de usar *hardware* de supercomputação no local, outra opção agora é utilizar infraestruturas de armazenamento e processamento baseadas em nuvem. Isso pode incluir medidas de segurança adicionais, permitindo o armazenamento e processamento de informações de saúde com maior proteção. Essas soluções baseadas em nuvem oferecem a capacidade de armazenar e analisar dados em grande escala, permitindo treinar modelos de IA mais poderosos.

Outra grande necessidade diz respeito ao desempenho comparativo dos algoritmos (incluindo *benchmarking* em relação a qualquer padrão atual) e à avaliação contínua do desempenho após a implementação. Esse tipo de teste exigirá conjuntos de dados adequados e representativos de estudos observacionais e de vigilância, EHR e plataformas de redes sociais.

A disponibilidade de grande volume e variedade de dados, a designada *Big Data*, é um dos fatores centrais para o desenvolvimento de analítica avançada e algoritmos de IA. Apenas dados robustos e de qualidade podem permitir garantir a fiabilidade necessária à sua aplicação ao sector da Saúde. A proposta de Regulamento do Espaço Europeu de Dados de Saúde, atualmente em discussão, vem criar a expectativa de que estes estarão disponíveis, à escala internacional, no estrito cumprimento do Regulamento Geral de Proteção de Dados, através da implementação de um modelo de governação bem definido e infraestrutura de acesso a dados em rede, associado a critérios de qualidade de dados, transparência, rigor e proporcionalidade.

A IA tem algumas características inerentes (por exemplo, opacidade, complexidade, dependência de dados, comportamento autónomo), que podem ser vistas com desconfiança pelo público e, por isso, têm potencial para afetar negativamente os direitos humanos fundamentais. A União Europeia (UE) propôs um conjunto de riscos associados à IA que são mapeados e regulamentados em níveis de gravidade.

A indústria de inteligência artificial é impulsionada por fortes interesses económicos e políticos. Obter um controlo confiável sobre os riscos e danos potenciais relacionados com a inteligência artificial é, portanto, crucial. O grupo de especialistas da Comissão Europeia em inteligência artificial foi criado para estabelecer os princípios gerais em orientações e recomendações mais concretas sobre como lidar com a inteligência artificial. No entanto, a estrutura não aborda ameaças à obtenção de inteligência artificial confiável incorporada em interesses do mundo real e circunstâncias complexas. Garantir a governança de tecnologias confiáveis de inteligência artificial, local e globalmente, na saúde e noutros sectores, terá de se basear numa compreensão ampliada do que a tradução de normas éticas em prática exige, abordando e gerindo preocupações estruturais como aquelas que são identificadas.

Em junho de 2019, o Governo português formula e publica a Estratégia Nacional até 2030, para definir os desafios e as oportunidades dos ecossistemas de Inteligência Artificial (IA). O plano concentra as suas ações na inclusão, educação, qualificação, especialização e pesquisa, pois considera que as pessoas são o principal motor de uma implantação de IA bem-sucedida. Um dos principais objetivos estratégicos é o desenvolvimento humano, particularmente o fortalecimento da população em relação aos desafios e prioridades estabelecidos pelas tecnologias de IA. Este objetivo irá ser concentrado em aumentar o nível geral de educação em IA, atualizar as qualificações da força de trabalho e promover a especialização em campos de IA.

A estratégia enfatiza a importância da educação digital e de IA para as gerações futuras. A esse respeito, uma infraestrutura educacional bem desenvolvida incluirá estudos em IA para níveis educacionais anteriores e superiores, como bacharelato, mestrado, pós-graduação e doutoramento. Por fim, a estratégia visa incentivar a especialização dos alunos em disciplinas de computação, ciência de dados e STEM para criar uma força de trabalho altamente qualificada em áreas relacionadas com a IA.

Estruturas legais, regulatórias e éticas são essenciais para desenvolver padrões em IA quanto à transparência, responsabilidade e propriedade. A este respeito, a estratégia portuguesa propõe a criação de um comité de ética para definir diretrizes para IA e automação.

Outras medidas: apoiar o desenvolvimento de uma estrutura legal e regulatória para identificar responsabilidades quando a IA estiver a ser usada para tomada de decisões; auxiliar empresas e reguladores para encontrar estruturas legais apropriadas.

EMERGÊNCIAS EM SAÚDE PÚBLICA NO NOVO *MILLENNIUM*

Cristina Abreu Santos e Francisco George

Nobody will be safe until everyone is safe.
Stella Kyriakides, comissária europeia da Saúde

Em 2001, o ataque às Torres Gémeas de Nova Iorque coloca, logo a seguir, como prioridade, em termos de prevenção, a preparação e resposta para outras ameaças terroristas. O 11 de Setembro evidencia a fragilidade de respostas a eventos de tamanha dimensão e natureza, no que se refere à proteção da população.[253]

Também intencionais, seguem-se outras ações e ameaças terroristas que envolvem armas biológicas — a «crise do *Antrax*»[254], com a disseminação deste agente infeccioso através de envelopes postais. No plano psicossocial, o pânico generaliza-se, incluindo em Portugal. O Instituto Ricardo Jorge, com o apoio da Polícia Judiciária, cria, de imediato, um dispositivo de análise de substâncias suspeitas enviadas ou não pelo correio (todas as amostras analisadas são, em Portugal, negativas).

Outra questão equacionada pelos serviços de segurança dos Estados Unidos da América e de certos países da União Europeia (sobretudo ingleses e franceses) está relacionada com a preparação de cada Estado para um eventual confronto com a utilização, com fins terroristas, do vírus da varíola. Por isso, são organizados exercícios de preparação de respostas, designadamente através da formação de enfermeiros para administração da vacina antivariólica.

Nessa altura, em 2001, Portugal não dispõe de reservas de vacina. Incompreensivelmente, depois da erradicação da varíola em 1980, a vacina não é armazenada, a título de precaução. O mesmo não acontece noutros países europeus, que decidem organizar reservas especiais de vacinas por congelamento. Outros ainda, apesar da ausência da circulação do vírus da varíola, continuaram a desenvolver linhas de investigação para preparação de novas vacinas. É, assim, que a partir da estirpe *New York* foi preparada a segunda geração da vacina contra a varíola.

[253] Em 2001, o ministro da Saúde é António Correia de Campos e o ministro da Administração Interna é Nuno Severiano Teixeira.

[254] Diminutivo do agente do carbúnculo: *Bacillus anthracis*.

Em 2001, Portugal conta com a colaboração da Comissão Europeia e, em especial, no plano bilateral, com a cooperação dos serviços ingleses da *Health Protection Agency*.

Em dezembro de 2001, a Comissão Europeia institui o Comité de Segurança da Saúde — *Health Security Committee* — que, desde logo, inclui representantes de Portugal.

A 1 de janeiro de 2002, durante o Governo de António Guterres, o Escudo é substituído como moeda nacional. Entram em circulação notas e moedas do Euro, a partir desta data.

É reconhecida a importância da criação de estruturas nacionais, articuladas com entidades congéneres internacionais, capazes de organizar respostas, pronta e adequadamente, bem como da implementação de modelos de preparação, robustos, para o confronto com novas ameaças. Estruturas, legislação, procedimentos, sistemas de informação, recursos humanos capacitados e treinados e mecanismos de cooperação são fundamentais na preparação e resposta para emergências, uma das operações essenciais de Saúde Pública.[255]

A globalização, traduzida pelo aumento e rapidez das viagens intercontinentais, tal como pelas trocas comerciais, movimentos migratórios, alterações climáticas, ecológicas e da cadeia alimentar, e estilos de vida, bem como fatores sociodemográficos, biológicos e genéticos, entre muitos outros, potencia a disseminação de ameaças transfronteiriças ou de agentes emergentes, afetando quer os seres humanos quer os animais.

A dimensão do impacto destas situações na saúde humana, em termos da sua magnitude (mortalidade e morbilidade), transcendência (perceção do risco, disrupção social) ou vulnerabilidade (recursos disponíveis e capacidade de resposta), condiciona a proporção da resposta e dos meios utilizados na sua resolução.

A avaliação de risco impõe-se, desde a sinalização de um alerta, acompanhada de adequada comunicação para o público e para os profissionais envolvidos na sua gestão. Impõe-se, também, a observação do princípio da precaução, sobretudo nas situações em que há ausência ou diminuta evidência científica ou imprevisibilidade das suas consequências. Transparência e proporcionalidade nas medidas determinadas (ou recomendadas) são fatores-chave na gestão do risco.

[255] EPHOS — *Essential Public Health Operations.*

Em 2016, a verificação da possibilidade de ocorrerem novas emergências em Saúde Pública, tanto impostas pela natureza como de origem artificial, explica a oportunidade da criação do Centro de Emergências em Saúde Pública (CESP), no seguimento de recomendações da Comissão Europeia e da OMS.[256] Dinamizado por Cristina Abreu Santos, o CESP, inserido na DGS, em estreita colaboração com o Instituto Nacional de Saúde Doutor Ricardo Jorge e com os Serviços Partilhados do Ministério da Saúde, desenvolve como principais atividades a antecipação e identificação de riscos para a Saúde Pública, através de ferramentas de *epidemic intelligence*, entre outros meios, nomeadamente em articulação com redes nacionais e internacionais como o *Global Outbreak Alert and Response Network* (GOARN). Alertas e pontos de situação são emitidos pelo boletim RONDA.[257]

Em Portugal, as epidemias que ocorrem são diferentes das anteriormente verificadas, devido, antes de tudo, ao nível de desenvolvimento socioeconómico e aos avanços científicos alcançados, mas, também, à alta cobertura de infraestruturas de saneamento, às elevadas taxas de cobertura vacinal, à excelência da preparação dos especialistas médicos, enfermeiros, farmacêuticos e microbiologistas, bem como à sofisticação dos equipamentos disponíveis nas unidades do Serviço Nacional de Saúde.

No novo *millennium*, surgem surtos de encefalite por vírus do Nilo Ocidental (2003), febre de dengue (2012–2013), doença dos legionários (2014), hepatite C (2015), hepatite A (2016), sarampo (2017), entre outros.

ENCEFALITE POR VÍRUS DO NILO OCIDENTAL. Em 2003, dois turistas irlandeses em férias no Algarve, uma vez de regresso a Dublin, adoeceram com manifestações de encefalite por vírus do Nilo Ocidental (VNO). A situação foi relatada, na segunda quinzena de julho, por telefonema feito pelo *Chief Medical Officer* da República da Irlanda ao diretor-geral da Saúde de Portugal. Uma vez que os viajantes tinham estado sempre na Quinta do Lago e eram observadores de aves selvagens,[258] foi possível concentrar aí as investigações, a fim de identificar a fonte do

[256] Despacho n.º 11035-A/2016, de 9 de setembro, do ministro Adalberto Campos Fernandes.

[257] RONDA é a sigla correspondente a Reunião sobre Observações, Notícias, Dados e Alertas.

[258] Os viajantes confirmaram terem sido picados por mosquitos, inúmeras vezes, durante a observação de aves ao final de tarde no parque dedicado para esse fim.

surto. Colaboram nos trabalhos os investigadores do Instituto de Higiene e Medicina Tropical e da Direção-Geral de Veterinária. O problema é resolvido depois da identificação do vírus *West Nile* em culicídeos capturados junto à Quinta do Lago e da infecção confirmada em cavalos. As medidas de prevenção e controlo foram eficazes, nomeadamente redução da população de mosquitos com utilização maciça de inseticidas e larvicidas;[259] encerramento de parques de observação de aves e suspensão de provas equestres. O ministro Luís Filipe Pereira lidera, ao nível político, as operações então implementadas, com total transparência. Na altura, o encerramento da principal estação de férias do Algarve, durante agosto, é equacionado.[260] Apesar do alerta à rede hospitalar, não se registam mais casos.

FEBRE DE DENGUE. Em 2012, ocorre uma epidemia de febre de dengue no Funchal, depois da instalação de colónias de mosquitos invasores da espécie *Aedes aegypti*, que são identificados em 2005. A resposta das autoridades de saúde regionais é rápida e eficaz à luz do princípio *fight at the source*. No total são notificados 2168 casos de doença. São, igualmente, registados 11 doentes no continente, regressados do Funchal, e 70 casos de doença em 13 países europeus, também em viajantes que referem estadia no Funchal. A taxa de letalidade de zero traduz a qualidade dos trabalhos que são conduzidos no Funchal no âmbito das medidas de prevenção e controlo do surto. A transparência informativa é assegurada. Naturalmente, registam-se efeitos negativos na indústria do Turismo. A epidemia é declarada como eliminada a 12 de março de 2013.

DOENÇA DOS LEGIONÁRIOS. Em 2014, em Vila Franca de Xira (VFX), ocorre uma vasta epidemia de doença dos legionários na área industrial.[261] Foram, então, identificados 403 casos, dos quais 377 foram confirmados (incluindo 14 óbitos). O ministro Paulo Macedo preside à *task-force* rapidamente criada para o efeito. A equipa integra especialis-

[259] Apesar dos efeitos negativos para o ambiente, a utilização de inseticidas e larvicidas é autorizada pela DGS devido à rapidez requerida (véspera de agosto).

[260] A ausência de mais casos e a eficácia das medidas rapidamente implementadas justificam o abandono dessa opção.

[261] A segunda maior epidemia descrita na literatura médica.

tas da Direção-Geral da Saúde (DGS), do Instituto Nacional de Saúde Doutor Ricardo Jorge (INSA) e também representantes da Câmara Municipal de Vila Franca de Xira, da EPAL, do Instituto Português do Mar e da Atmosfera (IPMA), da Agência Portuguesa do Ambiente e dos serviços da Inspeção-Geral do Ambiente, em colaboração com o Hospital de Vila Franca de Xira e dos serviços da ARS de Lisboa e Vale do Tejo. No INSA a sequenciação do genoma da *Legionella pneumophila* identifica a estirpe do surto como *L. pneumophila fraseri serogrupo 1.*[262]

Em conjunto, epidemiologistas, microbiologistas, matemáticos, meteorologistas e inspetores do ambiente identificam a fonte do surto em 48 horas, como tendo origem em torres de arrefecimento industriais. Concluem, igualmente, que a estipe identificada, juntamente com as condições meteorológicas singulares, contribuem, cumulativamente, para a ocorrência inesperada de um surto de doença dos legionários com magnitude verificada em Vila Franca de Xira.

HEPATITE C. Em 2015, doentes com hepatite C manifestam-se junto da Assembleia da República a fim de exigirem acesso ao medicamento inovador *Sofosbuvir*.[263] A plataforma, organizada para esse fim, pretende que 5 mil infectados sejam tratados rapidamente para evitar a morte ou progressão da doença. O ministro Paulo Macedo responde no sentido positivo.

HEPATITE A. Em 2016, ocorre uma epidemia de hepatite A, sobretudo em Lisboa, com incidência elevada em homens que fazem sexo com outros homens. Cumulativamente são notificados 493 casos, dos quais são confirmados 471 doentes. Os trabalhos de prevenção e controlo são conduzidos pela DGS e pelo INSA (que rapidamente identifica a estirpe em circulação). Para tal, são requisitadas todas as vacinas disponíveis em Portugal (inicialmente destinadas às consultas do viajante) e logo aplicadas aos contactos dos doentes, incluindo em unidades móveis durante a madrugada em certas zonas de Lisboa, previamente identificadas como mais frequentadas por pessoas expostas ao risco em

[262] A subespécie *fraseri* é muito menos comum do que a subespécie *pneumophila* como agente causador da doença dos legionários.

[263] Os antivirais de ação rápida conseguem alcançar taxas de cura de 97% (em oito semanas).

adquirir a infecção. A operação decorre com sucesso, não só pela aceitação geral, mas, em especial, pelos resultados obtidos.

SARAMPO. Em 2017, foi identificado um surto de sarampo em meio escolar, na região da Grande Lisboa, em jovens não imunizados por decisão dos respetivos pais. Durante o surto, uma jovem de 17 anos, não vacinada, morre no Hospital Dona Estefânia, que dá origem a considerável alarme social. A DGS e os serviços do Ministério da Educação, com apoio informal dos órgãos de comunicação social, lançam uma campanha «pedagógica» no sentido da eliminação de bolsas não vacinadas.

NOVAS PANDEMIAS. No começo do *millennium* emergem, sucessivamente, novas pandemias que impõem a formulação e preparação de planos de contingência de prevenção e controlo, designadamente: SARS (2003), gripe A (2009), síndrome respiratória do Médio Oriente (2012), doença do vírus ébola (2014), Zika (2015) e covid-19 (a partir do final de 2019) e a doença do vírus *monkeypox* (2022).

A emergência de um novo vírus capaz de provocar uma doença de natureza pandémica é sempre geradora de incertezas.

A propagação rápida entre países e continentes está, necessariamente, associada às ligações aéreas que unem em poucas horas todos os países de todos os continentes do planeta.[264] Em Portugal, as autoridades da Direção-Geral da Saúde concebem planos de contingência e montam dispositivos para identificação e encaminhamento de eventuais casos suspeitos.

PANDEMIA DE SARS. Em 2003, a síndrome respiratória aguda severa (SARS) surge na Ásia. É provocada por um coronavírus. São registados cerca de 8 mil casos de doença e 800 óbitos. Tem natureza zoonótica, associada a civetas, que constituem, naquela região, fonte alimentar e que, por isso mesmo, estão expostas para venda em mercados a céu aberto. A cidade de Toronto é, então, especialmente atingida. A epidemia de SARS de magnitude preocupante irrompe devido a uma imigrante proveniente do Sudeste Asiático que aterra em Toronto, sendo portadora da doença, em período de incubação, que se manifesta clini-

[264] Em 2019, são 3 000 000 000 de passageiros que poderão duplicar no prazo de 15 anos.

camente depois da chegada ao Canadá. A cadeia de transmissão a que dá origem provoca uma situação de pânico generalizado e importantes danos na economia. Em Portugal não se registam casos, apesar de terem sido identificados doentes suspeitos, que, uma vez internados, não confirmam o diagnóstico de SARS.

GRIPE A. Em 2009, a então diretora-geral da OMS, Margaret Chan, declara que a epidemia de gripe, identificada no México, constitui uma pandemia que ameaça as populações ao nível global. O vírus é de tipo A do subtipo H1N1, que apresenta uma mutação de origem suína em dois segmentos. Em Portugal, a resposta é coordenada pelo diretor-geral da Saúde em conjunto com os presidentes do Instituto Nacional de Saúde Doutor Ricardo Jorge, do INFARMED e do INEM. É, para o efeito, formulado um rigoroso plano de contingência com o concurso de consultores de diversas especialidades.

São tomadas medidas ao nível de prevenção primária com a emissão de sucessivas mensagens de aconselhamento.

À semelhança de outros países europeus, Portugal é «pressionado» para adquirir o novo medicamento Oseltamivir. Se bem que a sua eficácia seja discutível, a existência do medicamento representa um fator de confiança no plano psicossocial.[265]

Apesar de a circulação do vírus da gripe, nas semanas quentes do ano, representar uma preocupação acrescida, a seguir, a atividade viral «perde força» em 2010.

MERS. Em 2012, a síndrome respiratória do Médio Oriente (MERS) tem início em setembro. O agente identificado é um coronavírus (MERS-CoV) que provoca casos graves de pneumonia atípica com falência multiorgânica. A taxa de letalidade é muito elevada (50%). Cerca de 80% dos casos são diagnosticados na Arábia Saudita e países limítrofes. Tal como outras doenças provocadas pelo coronavírus, tem origem zoonótica associada a camelos.[266] Não ocorrem casos em Portugal.

[265] Em Portugal, a aquisição do medicamento é decidida depois de ouvido o parecer de um vasto grupo de académicos, pneumologistas e infecciologistas, reunidos em painel no INFARMED, expressamente convocado para o efeito.

[266] Entre 2012 e 2022 (a 17 de outubro) ocorrem 2600 casos, incluindo 935 óbitos, sendo 84% diagnosticados na Arábia Saudita.

DOENÇA DO VÍRUS ÉBOLA. Em 2014, emerge a doença pelo vírus ébola, com expressão epidémica grave, em três países da África Ocidental, interligados por fronteiras, necessariamente permeáveis: Guiné-Conacri, Serra Leoa e Libéria.[267] O epicentro ocorre na região guineense de Boké, fronteiriça com a Guiné-Bissau.

Por esse motivo, devido ao intenso movimento migratório, por via aérea, com os aeroportos portugueses, o ministro Paulo Macedo preside ao Conselho Nacional de Saúde Pública, expressamente convocado para tal, em sessão dedicada à análise da situação da epidemia e à implementação imediata de medidas. Na altura, o diretor-geral da Saúde e o presidente do INEM recebem instruções para se deslocarem a Bissau na perspetiva de apresentarem às autoridades guineenses a criação de um dispositivo de cooperação com o fim de reduzir a possibilidade de importação de casos de doença do vírus ébola para a Guiné-Bissau e, portanto, para Portugal.

Para esse fim, são montados procedimentos apropriados com apoio dos serviços guineenses e da Embaixada de Portugal. Neste contexto, o Instituto Nacional de Saúde Doutor Ricardo Jorge monta, em Bissau, um laboratório especializado em biologia molecular, ao mesmo tempo que são estabelecidos mecanismos de cooperação com o CDC de Atlanta.

Em Portugal, o infecciologista Fernando Maltez, no Hospital Curry Cabral, reforça as unidades de quartos de pressão negativa e conduz exercícios de simulação com pessoal devidamente treinado a trabalhar com equipamento de proteção individual (EPI) completo, incluindo cogula e viseira.

Paulo Macedo, no Ministério da Saúde, lidera uma *task-force* com outros membros do Governo, incluindo das regiões autónomas, para coordenação de todas as iniciativas. Todos os cenários e respostas são ponderados.

Na ocasião, a Casa Branca organiza um encontro, presidido pelo próprio Obama, que conta, pelo lado de Portugal, com a presença do secretário de Estado Fernando Leal da Costa e do diretor-geral da Saúde.

No final da atividade viral em África, não se registam casos, nem na Guiné-Bissau nem em Portugal.

[267] A Guiné-Conacri tem fronteiras com a Serra Leoa e com a Libéria e cada um destes Estados tem, igualmente, fronteiras com cada um dos outros.

ZIKA. Entre abril de 2015 e novembro do ano seguinte, uma vasta epidemia de doença do vírus zika propaga-se no Brasil. As grandes concentrações de pessoas por altura do Campeonato do Mundo de Futebol parecem ter estado na origem da epidemia. A doença é provocada por um flavivírus que é transmitido por via vetorial, nomeadamente pelos *Aedes aegypti* e *Aedes albopictus*. A doença manifestada durante a gravidez está associada ao aumento da probabilidade de microcefalia do recém-nascido, através da transmissão mãe-filho. Atendendo, por um lado, às frequentes ligações aéreas entre Portugal e o Brasil e, por outro, à existência de colónias de artrópodes das duas espécies de *Aedes*, bem como à possibilidade de marcação de viagens de núpcias ao Brasil, a Direção-Geral da Saúde lança um alerta, em colaboração com a TAP, a fim de serem anuladas a viagens de mulheres com este destino, sem quaisquer prejuízos. As situações de risco confirmadas em Portugal solicitam, por iniciativa própria, interrupção da gravidez, nos termos previstos na lei.

COVID-19. No final de 2019, em Wuhan, na China, emergiu uma nova doença respiratória com carácter de epidemia, grave em intensidade e magnitude. O novo vírus (SARS-Cov-2) é identificado pela primeira vez em janeiro. A nova doença passa a ser denominada por COVID-19.[268]

A propagação do vírus e da infecção que provoca é imparável.

Cientistas chineses rapidamente admitem a natureza zoonótica da doença.[269] No princípio de 2020, ao «saltar» a Grande Muralha da China, dá origem à pandemia que é declarada, formalmente, pelo diretor-geral da OMS, em março de 2020.

Em Portugal, a 2 de março de 2020, são diagnosticados os primeiros dois casos de covid-19, ambos no Porto. A 4 de março são cinco os doentes confirmados e, no dia 8 do mesmo mês, o número sobe para 30.

A 12 de março, o primeiro-ministro, António Costa, decide encerrar as escolas e universidades, apesar de na véspera o Conselho Nacional de Saúde Pública ter emitido um parecer diferente.

[268] Nome construído a partir da expressão inglesa *coronavirus disease*.

[269] Suspeita-se da implicação do pangolim, um mamífero exótico muito apreciado como alimento.

A 20 de março, do mesmo ano, é, nos termos constitucionais, declarado, pela primeira vez, o estado de emergência.[270] Decorrem, depois, mais 14 declarações de estado de emergência, ao longo das semanas e dos meses de atividade viral que surge em ondas consecutivas.[271]

Em termos de evolução, surgem mutações sucessivas que, por sua vez, originam novas variantes, que têm a característica de adquirirem maior transmissibilidade e/ou maior capacidade de evasão ao sistema imunitário e/ou de provocarem doença mais severa.

A vigilância de base genómica assume-se como fundamental na monitorização e controlo da epidemia.[272]

Ao longo da atividade viral da pandemia, juntam-se, regularmente, no auditório do INFARMED, em Lisboa, titulares de órgãos de soberania, dirigentes de partidos políticos e especialistas em Saúde Pública para análise da situação epidémica. As «reuniões do INFARMED», apesar de informais, têm grande impacto no país, uma vez que a informação veiculada é absolutamente transparente.

Marta Temido e Graça Freitas, respetivamente ministra da Saúde e diretora-geral da Saúde, assumem a liderança das ações de prevenção e controlo que são, reconhecidamente, aceites no plano social. Ao nível do Instituto Nacional de Saúde Doutor Ricardo Jorge destacam-se, no laboratório, João Paulo Gomes, e nos estudos de estatística, Baltazar Nunes. Na ARS do Norte, Raquel Duarte trabalha na coordenação das operações.

Em 2021, os cientistas turcos que trabalham na Alemanha Ugur Sahin e Özlem Türeci introduzem tecnologia inovadora no fabrico de novas vacinas contra a covid-19 (designadamente da farmacêutica Pfizer). Estas novas vacinas «inteligentes» são fabricadas a partir de ARN mensageiro da espícula do coronavírus, que, ao ser introduzido por via injetável no organismo humano, induz a formação de proteínas S (*spike* ou espícula), que, por ser estranha, provoca a formação de anticorpos protetores anti-S.

[270] Decreto n.º 2-A/2020, de 20 de março.

[271] Sublinha-se que só a declaração do estado de emergência permite suspender liberdades e garantias, nomeadamente confinamento obrigatório, cercas sanitárias, etc.

[272] Como justamente salienta João Paulo Gomes, há «um virar de página» associado ao desenvolvimento da vigilância epidemiológica laboratorial de base genómica.

Em fevereiro de 2021, é criada a *task-force* para coordenar o plano de vacinação contra a covid-19. Em termos de cobertura e organização, a vacinação é unanimemente considerada um sucesso.[273]

As novas variantes que se sucedem (alfa, beta, gama, delta e ómicron) afastam-se em relação à estirpe primitiva, na dimensão antigénica, razão que explica a necessidade da adoção de medidas de adaptação a todos os níveis, desde a monitorização, ao diagnóstico, à clínica e à vacinação. A este propósito, verifica-se que a variante alfa motiva maior preocupação com a hospitalização e a delta revela-se clinicamente mais severa. Neste quadro, a investigação laboratorial destinada à vigilância de base genómica é desenvolvida pelo Instituto Nacional de Saúde Doutor Ricardo Jorge. A qualidade dos trabalhos produzidos é amplamente reconhecida.

No conjunto, entre 2 de março de 2020 e 22 de novembro de 2022, são reportados 5 536 455 casos confirmados, incluindo 25 345 óbitos.

Os economistas apontam a pandemia para justificar a subida do endividamento público em Portugal, que ascende de 116,6% do PIB, em 2019, para 123,4%, em 2022.[274]

DOENÇA PELO VÍRUS *MONKEYPOX*. Em 2022, a epidemia da doença do vírus *monkeypox* (VMPX) surpreende, novamente, os epidemiologistas ao nível mundial. Em Portugal, o surto assume expressão preocupante,[275] atendendo à sua rápida propagação. A vacinação pré-exposição inicia-se antes do fim de setembro. A OMS declara, a 23 de julho, que o risco da doença é alto na Europa e moderado ao nível global.

A doença, de natureza zoonótica, é provocada por um vírus ADN, do género *Orthopoxvirus*, da família *Poxviridae*, relacionado com os vírus da varíola e da vacínia. Nos seres humanos, apresenta um quadro clínico que inclui sinais e sintomas dermatológicos e sistémicos. A transmissão verifica-se através de gotículas por via aérea e por contacto direto com

[273] Henrique Gouveia e Melo, almirante da Armada, foi nomeado coordenador da *task-force* (no seguimento da demissão de Francisco Ramos). Baseou a gestão do plano no *triângulo estratégico* composto pelos seguintes eixos: organização, comunicação estratégica e liderança. Em novembro de 2022, o epidemiologista Henrique Barros estima que a vacinação evitou 12 mil mortes.

[274] O PIB (2022): 230 526 000 milhares de euros.

[275] São confirmados laboratorialmente 951 casos, entre 3 de maio de 2022 e 27 de janeiro de 2023.

lesões cutâneas dos doentes. É referida, incluindo em Portugal, maior incidência em homens que fazem sexo com outros homens. A letalidade varia ente 1% e 10%.

O Instituto Nacional de Saúde Doutor Ricardo Jorge conduz os exames laboratoriais de diagnóstico. Portugal é o primeiro país a identificar a sequência genómica do vírus *monkeypox* que está na origem da pandemia, confirmando tratar-se de uma linhagem menos agressiva a circular na África Ocidental.

Em julho de 2022, iniciam-se os trabalhos de vacinação. A partir de setembro, as pessoas em risco recebem a vacina para proteção pré-exposição.

A infecciologista Margarida Tavares lidera os trabalhos de prevenção e controlo no contexto da DGS, em constante articulação com o ECDC e a OMS.[276]

O *The European Surveillance System* (TESSy) e o ECDC publicam relatórios sobre a epidemia com indicações precisas e atualizações sucessivas.

AÇÃO DA CVP EM CENÁRIOS DE EMERGÊNCIA DURANTE A PANDEMIA DE COVID-19

Gonçalo Órfão

A partir de 2020–2021, no contexto da pandemia de covid-19, são introduzidos, em Portugal, novos métodos de diagnóstico que asseguram, para além da rapidez do processo, notável fiabilidade de resultados. Estão, neste caso, por um lado, os exames diretos de testes laboratoriais para deteção do antigénio do coronavírus na nasofaringe e, por outro, a utilização de leitura remota automática, por inteligência artificial, de imagens radiográficas do tórax.

Na abordagem a cenários de emergência de origem infecciosa, nomeadamente epidemias como a covid-19, o diagnóstico rápido para permitir identificar a etiologia da doença é imprescindível na perspetiva do controlo e prevenção.

[276] Em 10 de setembro de 2022, é nomeada secretária de Estado da Promoção da Saúde na equipa do ministro Manuel Pizarro, motivo pelo qual deixa as funções que desempenha na Direção-Geral da Saúde e, ao mesmo tempo, solicita a sua substituição como membro da Direção da Sociedade Portuguesa de Saúde Pública.

Em situações de pandemia, a mitigação e o controlo da sua propagação só são possíveis através da identificação de portadores ou doentes com capacidade de transmitirem a infecção. Para tal, é preciso ter em atenção a dificuldade em identificar critérios de transmissão de doença, considerando que nem todas as pessoas infectadas são infecciosas.

O controlo da pandemia de SARS-CoV-2, logo a partir de 2020, demonstra a necessidade em analisar o critério de infecciosidade, tendo em atenção o elevado número de pessoas que permanecem positivas em teste de biologia molecular, durante meses, após o diagnóstico inicial (na fase inicial da pandemia, em isolamento).

Verifica-se, assim, a necessidade de dispor de um teste que permita identificar os indivíduos que transmitem a infecção, associado a um resultado rápido, de modo a permitir adotar as medidas mais eficazes e corretas de controlo de infecção, com o menor impacto psicossocial na população.

Os testes rápidos de antigénio, não obstante as naturais dúvidas no começo, e sem prescindir do diagnóstico clínico, confirmam a pertinência da sua aplicação nos planos de controlo da pandemia de SARS-CoV-2.

Com custos significativamente baixos, os testes rápidos de antigénio (TRAg) são preponderantes no controlo da pandemia SARS-CoV-2, atendendo à facilidade de serem utilizados de forma maciça, com a vantagem da obtenção de resultados em menos de 15 minutos.

Em Portugal, começam a ser usados, em 2020, a partir de setembro (Abbott) e outubro (Roche) pela Cruz Vermelha Portuguesa (CVP), em quantidades que permitem a massificação da testagem, com especificidade de 99% e sensibilidade de 93% (*Abbott Panbio Ag Covid-19*).

Os serviços da Coordenação Nacional de Emergência da Cruz Vermelha Portuguesa realizam o primeiro ensaio no contexto de um surto de covid-19 que ocorre em lar de idosos. No ensaio, fazem testes, simultaneamente, de TRAg e testes PCR às mesmas pessoas residentes no lar. Os resultados confirmam não só a elevada sensibilidade e especificidade, como a mais-valia que representa a possibilidade de implementação imediata de medidas de controlo de surto (por exemplo, isolamento), com identificação de mais de 90% dos casos positivos. A fisiopatologia da doença obriga a testagem periódica, devido ao período de incubação, pelo que o processo de identificação de novos casos revela alto interesse como ferramenta em epidemiologia operacional.

A necessidade de aumentar a testagem à população, em massa, foi, desde cedo, compreendida pelo Governo. Neste sentido, a Cruz Vermelha Portuguesa fornece 500 mil TRAg ao Ministério da Saúde e 100 mil TRAg ao Governo Regional da Madeira destinados à constituição de reservas para testagem.

A evolução do diagnóstico rápido à covid-19 progride. São socialmente bem aceites, incluindo pela comunidade científica. Baseados em tecnologias inovadoras, os equipamentos móveis permitem, a partir de 2021, avançar com testes de biologia molecular, fora do laboratório tradicional, e à cabeceira do doente, em consequência da obtenção de resultados em menos de 15 minutos (*Abbott IDNOW Covid-19*), uma vez que juntam a rapidez dos TRAg à vantagem da precisão do diagnóstico por biologia molecular.

Esta metodologia permite, desde então, dotar as unidades locais de saúde de capacidade de testar por biologia molecular para apoio ao diagnóstico clínico no local, com resultados quase imediatos.[277]

O diagnóstico médico permite a tomada de decisão rápida para aplicar as intervenções necessárias. É um processo rápido, fácil e direto, a baixo custo.

Desde a abordagem inicial que os epidemiologistas percebem a importância que os testes covid-19 traduzem no controlo da disseminação da epidemia, visto que são testes de aplicação maciça, com resultados rápidos e fidedignos, que facilitam o controlo e mitigação da atividade viral epidémica.

Cedo, a CVP cria o Programa «Covid-19 Métodos de Deteção e Medidas de Proteção», integrado por médicos, enfermeiros e psicólogos, que desenham um curso de formação, em modelo *e-learning*, com o objetivo de formar e treinar a correta realização de testes e respetivas colheitas de amostras ao SAR-CoV-2 (a primeira versão é de agosto 2020). O curso, de seguida, estendeu-se, com assinalável êxito, a todos os profissionais de saúde ao nível nacional, uma vez que tem acesso disponível na plataforma de ensino *online* da Cruz Vermelha Portuguesa e da Federação Internacional da Cruz Vermelha e do Crescente Vermelho,

[277] No norte do País, a CVP monta, com sucesso, esta metodologia em 15 centros.

tal como a aprovação pelo Instituto Ricardo Jorge, passando a estar disponível na plataforma de ensino do Ministério da Saúde (NAU). Em novembro de 2020, a ERS institui a formação da CVP como obrigatória a todos os profissionais de saúde que realizam testes TRAg à covid-19.[278]

MORTALIDADE INFANTIL

Em Portugal, a evolução da mortalidade infantil, retratada pela rápida, consistente e equitativa descida da respetiva taxa,[279] traduz o sucesso de políticas públicas, como resultado de manifesta vontade política no sentido de impulsionar o desenvolvimento social e ambiental das populações, e das mulheres e crianças em particular.

Em 1973, a taxa de mortalidade infantil é de 44,8 por mil.[280] Em 1983, desce para 19,2 e, dez anos depois, para 8,6. Já no novo *millennium* desce, em 2003, para 4,1 e em 2013 para 2,9 por mil.

O desenho da estratégia de mudança da situação, para proteger mães e crianças, deve-se a Albino Aroso (1923–2013). A sua firmeza, determinação e vontade política fazem mudar Portugal. Para tal, contribuíram, decisivamente, as grandes obras públicas de saneamento, construídas a partir de 1975, mas também a melhoria no acesso aos serviços públicos de saúde, para além de outros fatores.

Em 2020, a taxa de mortalidade infantil é, em termos de evolução, a mais baixa de sempre, ao descer para 2,4 por mil nascimentos vivos. Constitui motivo de elevado orgulho nacional, pelo exemplo que exibe em termos comparativos com outros países industrializados.

Como assinalado, a taxa anual média de declínio de 7,4 por ano, associada à relativa simetria e harmonia em todas as regiões, coloca Portugal no patamar cimeiro ao nível mundial.

Além de Albino Aroso, destacam-se, igualmente, na liderança deste processo: António Baptista Pereira (Lisboa), António Torrado da Silva (Lisboa), Celsa de Carvalho (Lisboa), Purificação Araújo (Lisboa),

[278] Neste contexto, recebem formação 4419 profissionais de saúde, em todo o país.

[279] Óbitos com menos de um ano de idade, por 1000 nados-vivos, em determinado ano civil.

[280] Taxa que resulta do registo de 7726 óbitos de recém-nascidos, antes de completarem um ano de vida, ocorridos em 172 324 nascimentos vivos, no ano de 1973.

Octávio Cunha (Porto), Manuel Sá Correia (Viseu), José Manuel Palminha (Lisboa), João Dória Nóbrega (Lisboa), Luís Pereira Leite (Porto) e Vicente Souto (Coimbra).[281]

Elevar a saúde da mulher, da mãe e da criança passa a constituir uma ambição reconhecida como possível. É indiscutível a vontade política de atribuir recursos, mobilizar mais meios, nomeadamente financeiros, materiais e humanos.

Em 1994, a Secção de Neonatologia da Sociedade Portuguesa de Pediatria cria o Registo Nacional do Recém-Nascido de Muito Baixo Peso, que permite analisar e conhecer o risco de morte de crianças nascidas com peso inferior a 1500 gramas, na perspetiva da sua redução.

Em 2004, Correia de Campos e Francisco Ramos propõem que o modelo de gestão do Programa de Saúde Materna e Infantil, uma vez analisado em todas as dimensões, seja transferido para outros programas prioritários, atendendo aos ensinamentos obtidos pelo sucesso alcançado.

VACINAÇÃO NO NOVO *MILLENNIUM*

Além do registo da história de sucesso da implementação do Programa Nacional de Vacinação, a introdução de vacinas contra determinados cancros, em particular contra a hepatite B (1994) e contra a infecção pelo vírus do papiloma humano (2008), respetivamente para prevenção do hepatoma e do cancro genital, representam importantes ganhos em saúde traduzidos na redução de incidência dessas doenças oncológicas.

Em 2017, o Instituto Nacional de Saúde Doutor Ricardo Jorge publica os resultados do Inquérito Serológico Nacional 2015–2016 das infecções sexualmente transmissíveis, nomeadamente provocadas pela *Clamydia trachomatis*, *Treponema pallidum*, VIH e vírus da hepatite C. O referido inquérito revela uma seroprevalência de 4,2% de anticorpos para o agente da sífilis, *Treponema pallidum*, em residentes com idades superiores a 56 anos, dado que permite estimar o risco de transmissão da sífilis nos anos 1960–1970 quando esta população seropositiva era jovem.

[281] A este grupo, juntam-se Fernanda Rocha, Manuel Meirinho, Beatriz Calado, Marília Viterbo de Freitas, entre outros pediatras, obstetras e enfermeiros.

Também no mesmo ano, o Instituto Nacional de Saúde Doutor Ricardo Jorge divulga os resultados do Inquérito Serológico Nacional 2015–2016 das doenças evitáveis por vacinação. O inquérito confirma a elevada cobertura vacinal da população portuguesa. No entanto, os inexplicáveis movimentos contra a vacinação que irrompem na Europa (França e Itália, por exemplo), criando bolsas de jovens suscetíveis, têm reflexo em Portugal, se bem que menos expressivos.

Em 2018–2019, a vacina contra a gripe passa a incluir quatro estirpes (duas para tipo A e duas para o tipo B), em lugar da tradicional trivalente. Há, assim, uma melhoria na sua eficácia na perspetiva da redução da mortalidade específica devida à gripe sazonal.

Em 2020, o esquema oficial do Programa Nacional de Vacinação (PNV), com distribuição e administração de vacinas gratuitas, com acesso fácil, sem necessidade de prescrição médica, inclui, em crianças a partir do nascimento, a imunização contra as seguintes doenças ou agentes: hepatite B, *Haemophilus influenzae* b, difteria, tétano, tosse convulsa, poliomielite, *Streptococcus pneumoniae, Neisseria meningitidis B, Neisseria meningitidis C*, sarampo, parotidite epidémica, rubéola e vírus do papiloma humano.

Apesar de não incluídas no calendário geral do PNV, há outras vacinas, nomeadamente destinadas a grupos de risco: BCG contra a tuberculose; contra infecções por *Streptococcus pneumoniae* de 23 serotipos; contra a doença invasiva por *Neisseria meningitidis* dos grupos ACWY; contra a hepatite A e contra a gastrenterite aguda por rotavírus em determinas situações de risco.

Estão disponíveis no mercado, em farmácias, as seguintes imunizações extra PNV: contra as infecções provocadas pelo rotavírus, para crianças sem riscos, e a vacina contra a varicela. Para adultos, está disponível, à venda em farmácias, a nova vacina contra o herpes zóster.

Por outro lado, aos viajantes são aconselhadas determinadas imunizações em função do destino, da idade e da condição de saúde, designadamente a vacina contra a febre amarela, encefalite japonesa, febre tifoide ou cólera.

Em 2020–2021, as novas vacinas «inteligentes» preparadas à base de ARN mensageiro para a covid-19 marcam a inovação em termos da metodologia farmacêutica de fabrico de vacinas.

Em 2022, a partir da estirpe Ancara, a terceira geração de vacina contra a varíola é aprovada nos EUA e na União Europeia com a designação *Imvanex*, que tem como substância ativa *Modified Vaccinia Ankara-Bavarian Nordic* (MVA-BN), que induz resposta robusta de produção de anticorpos protetores.[282]

No outono de 2022, foi introduzida a vacina ARN mensageiro, de segunda geração, contra a covid-19, bivalente (induz proteção para a estirpe inicial e, também, para a variante ómicron).[283]

Em 2022 e 2023 para a época gripal, Portugal administra a vacina inovadora quadrivalente de alta dose contra a gripe, com indicação para ser administrada a maiores de 65 anos, residentes em instituições para idosos.[284]

INTERRUPÇÃO VOLUNTÁRIA DA GRAVIDEZ

No plano histórico, a interrupção da gravidez por vontade da mulher é, ao longo dos anos, praticada em regime de absoluta clandestinidade, quase sempre sem condições adequadas. A ilegalidade impõe o secretismo. A religião e a obediência à Igreja não afastam as mulheres de procurarem interromper a gravidez indesejada que não é planeada na família. Tanto nas cidades como nas províncias, há sempre forma de encontrar uma solução. Calcula-se que uma em cada cinco gravidezes são interrompidas.

Em 1998, em Portugal, o primeiro referendo não foi vinculativo, visto que votaram menos de 32% dos eleitores (o NÃO ganha com pouco mais de 50%).

Em 2007, por vontade política expressa do primeiro-ministro, José Sócrates, apoiada pela maioria absoluta detida pelo Partido Socialista na Assembleia da República, repete-se a consulta aos eleitores com a seguinte questão:

[282] Em duas doses separadas de um mês.

[283] Estima-se que as vacinas contra a covid-19 tenham, no final do primeiro ano de administração, evitado a morte, ao nível global, de cerca de 20 milhões de pessoas.

[284] *Efluelda*, da Sanofi Pasteur, de dose elevada (HD), com quatro vezes mais carga antigénica, comparada com a *standard*. É uma vacina quadrivalente com 60 microgramas de hemaglutinina por estirpe, por dose de 0,7 ml.

«Concorda com a despenalização da interrupção voluntária da gravidez, se realizada, por opção da mulher, nas primeiras dez semanas, em estabelecimento de saúde legalmente autorizado?» Apesar de o resultado não ser vinculativo, devido à participação inferior a 50% dos eleitores (há apenas 44% de participação), a resposta maioritária do SIM (59,25%) permite ao Governo e à maioria parlamentar imporem a aprovação da legalidade da interrupção da gravidez, por decisão da mulher. Assim, ainda em 2007, a Lei 16/2007, de 17 de abril, exclui a ilicitude nos casos de interrupção voluntária da gravidez até às primeiras dez semanas.

A Direção-Geral da Saúde foi incumbida, pelo ministro Correia de Campos, de preparar a regulamentação da lei e de implementar a sua concretização no país. Foi, para o efeito, criado, pela primeira vez, um modelo de trabalho baseado em duas comissões (inspirado no sistema parlamentar de duas câmaras), sendo uma para elaboração da documentação, à luz das boas práticas médicas, e a outra, a «Câmara Alta ou Senado», com a missão de aprovar ou rejeitar as propostas formuladas pela comissão técnica. Integram a primeira especialistas da DGS e da Maternidade Alfredo da Costa, designadamente: Beatriz Calado, Ana Henriques, Ana Campos e Maria José Alves. O «Senado» é presidido por Albino Aroso e formado por professores catedráticos de Obstetrícia das faculdades de Medicina. São temas principais em debate: método de contagem das dez semanas de gestação; as normas de interrupção cirúrgica e medicamentosa; o apoio informativo durante o período de reflexão; o apoio psicológico; tipologia do estabelecimento de saúde, entre outros tópicos.

A IVG, assunto, no começo, considerado fraturante na sociedade portuguesa, rapidamente deixou de ser motivo de disputa, uma vez organizada a resposta no Serviço Nacional de Saúde. Os relatórios anuais publicados revelam a justeza das medidas regulamentadas e a descida constante da procura da IVG, em consequência de melhor planeamento familiar. Interromper a gravidez, em segurança, no quadro do Serviço Nacional de Saúde, por vontade da mulher, durante as primeiras dez semanas, passa a ser um novo direito, socialmente aceite com naturalidade.

INTERVENÇÕES DA ONU EM SAÚDE PÚBLICA

Poucas vezes a ONU decide intervir em assuntos de saúde, mesmo com expressão global, uma vez que a OMS é a agência especializada e dotada de uma constituição que institui, à semelhança da ONU, como órgão máximo, a assembleia anual, designada Assembleia Mundial da Saúde.[285]

No novo *millennium*, há exceções no que se refere à tuberculose, SIDA e às doenças crónicas.

Em 2006, Jorge Sampaio (1939–2021) é nomeado pelo secretário-geral das Nações Unidas, Kofi Annan, como enviado especial para a luta contra a tuberculose, cargo que exerce até 2012.[286] Para além de um criterioso trabalho de advocacia a favor da luta contra a tuberculose, dedica-se à prevenção e controlo da SIDA, que considera «doença-irmã».

Apesar de a abrangência do seu mandato ser global, Sampaio não deixa de apoiar a luta contra a tuberculose em Portugal, em particular durante o período de Paulo Macedo como ministro da Saúde do XIX Governo Constitucional (2011–2015). Promove uma campanha de donativos, que possibilita a aquisição de novos testes de diagnóstico IGRA.[287] Sampaio associa um meticuloso trabalho político à metodologia médica para prevenir e controlar a tuberculose. Faz advocacia no sentido do desenvolvimento da luta contra a doença. No âmbito do programa *STOP TB PARTNERSHIP*, encontra-se com estadistas e especialistas, em todo o mundo. Invariavelmente, apela à inovação como prioridade absoluta para resolver o drama humanitário que a tuberculose continua, inexplicavelmente, a representar.

Em Portugal, Jorge Sampaio apoia, igualmente, os serviços da Direção-Geral da Saúde através de um fundo que criou para permitir desenvolver a estratégia do Programa de Luta contra a Tuberculose baseada no diagnóstico e tratamento precoces. Sabia que a tuberculose podia ser curada. Gostava de sublinhar a influência recíproca entre a SIDA e a tuberculose pelo lema «uma vida, duas doenças, uma resposta». Realça, desta forma, a interligação do controlo da tuberculose e da SIDA. As duas doenças-«irmãs», como, na altura, sublinham Kofi Annan e Jorge Sampaio.

[285] Nestes termos, a OMS tem autonomia, se bem que integrada no Sistema das Nações Unidas.

[286] Sampaio termina a 9 de março de 2006 o segundo mandato de presidente da República.

[287] IGRA — sigla inglesa correspondente a *Interferon Gamma Release Assay*.

Sampaio, na dimensão política, trabalhou com os ministros António Correia de Campos e depois com Paulo Macedo. Recebe, também, o apoio dos diretores nacionais do Programa, nomeadamente Fonseca Antunes e Raquel Duarte. A divisa do enviado especial das Nações Unidas: «fazer mais, fazer depressa e fazer melhor» é bem compreendida em Portugal.

Em setembro de 2011, imediatamente antes da Assembleia Geral da ONU, as delegações de todos os países participam na conferência sobre NCD.[288]

Na presença de muitos líderes mundiais, os delegados à Assembleia discutem a génese e os efeitos em Saúde Pública das doenças crónicas no contexto da transição epidemiológica, juntamente com o envelhecimento da população. Cancro, doenças cardiovasculares, diabetes, obesidade e doenças respiratórias representam problemas de dimensões pandémicas. Muitos dos riscos que estão na origem das doenças crónicas são considerados, comprovadamente, evitáveis pela mudança de comportamentos de risco, tendo em atenção, em especial, a alimentação, o exercício físico, o tabagismo e o álcool.

O desafio da resistência aos antibióticos, no quadro do Plano de Ação Mundial sobre a resistência aos antimicrobianos, aprovado em 2015, é seguido de uma declaração da Assembleia Geral da ONU, em 2016, com os chefes de Estado a comprometerem-se com a cooperação internacional para combater as resistências aos antimicrobianos. Este problema, considerado desafio principal, justifica, a partir de 2020, a criação de um secretariado conjunto que associa quatro agências do sistema da ONU na perspetiva da dinamização de medidas de prevenção, nomeadamente OMS, FAO, OIE e o Programa das Nações Unidas para o Meio Ambiente. Neste âmbito, em termos de advocacia, é promovida a constituição do *Global Leaders Group on Antimicrobial Resistance*, constituído por 20 antigos governantes.[289]

[288] Na língua inglesa, NCD é a sigla correspondente a *Non Communicable Diseases*, isto é, doenças não transmissíveis, também designadas em português por doenças crónicas.

[289] Portugal é representado por António Correia de Campos.

LEI DO TABACO

Os trabalhos dos epidemiologistas ingleses Richard Doll (1912–2015) e Richard Peto demonstram, cientificamente, a relação causa-efeito do fumo da folha do tabaco e do cancro do pulmão, incluindo o fumo passivo. Essas investigações comprovam que o fumo de tabaco encurta a vida. Por outras palavras: o fumo de tabaco mata.

Em Portugal, em 1982, a Lei 22/82, de 17 de agosto, representa uma tímida tentativa de prevenir o tabagismo através de medidas de proibição de publicidade e de proibição de fumar nos estabelecimentos de prestação de cuidados de saúde, de assistência infantil, de ensino, em recintos desportivos fechados e salas de espetáculos em recintos fechados.

Mas é sobretudo a aprovação, em 2007, da Lei 37/2007, de 14 de agosto, que marca a nova era da proibição de fumar em locais de trabalho e nomeadamente em restaurantes, pastelarias e cafetarias. Apesar da oposição inicial da Associação da Hotelaria, Restauração e Similares de Portugal (ARESP) e dos empresários que exploram casinos, a sua aplicação enérgica pela Direção-Geral da Saúde é um sucesso em todo o país. A nova lei obtém elevada aceitação social. Neste processo, a diretora do Programa, Emília Nunes, assume papel de destaque.

OBSERVAÇÃO FINAL SINÓPTICA

O período em análise é assinalado pela transição demográfica e pela transição epidemiológica. A primeira é marcada pelo envelhecimento da população e a segunda pela preponderância, em termos de *burden of disease*, das doenças crónicas, designadamente da diabetes,[290] do cancro, das doenças cardiovasculares e obesidade, que têm, em grande parte, como denominador comum os estilos de vida.[291]

O decénio 2002–2012 é marcado pelo crescimento negativo do PIB (-0,5%).[292] Portugal diverge da União Europeia.

[290] A diabetes tipo 2 constitui um grave problema de Saúde Pública, tendo uma elevada prevalência, estimada como sendo superior a 10%.

[291] Em Portugal, em 2019, segundo a DGS, as doenças crónicas representam um valor superior a 87% de carga de doença (*burden of disease*).

[292] PIB residual.

Entre 2005–2011, a governação é marcada por reformas ao nível central, incluindo a extinção do Alto-Comissariado da Saúde, em 2011, passando a DGS a reassumir competências antigas, nomeadamente no que se refere à coordenação de programas prioritários: SIDA e tuberculose; doenças oncológicas; doenças cérebro-cardiovasculares; doenças respiratórias; saúde mental; resistências aos antimicrobianos (PPCIRA); alimentação saudável; tabagismo; diabetes; hepatites virais; e promoção da atividade física.

Em Portugal, cada habitante produz, em média, 350 Kg/ano de lixo doméstico, o que representa cerca de 70% da produção total de resíduos urbanos. Prosseguem as obras públicas para melhoria das infraestruturas de saneamento do meio ambiental.

Na viragem do *millennium*, a preocupação com o planeamento em Saúde é expressiva. Neste sentido, os Planos Nacionais de Saúde entre 1998 e 2002, seguidos pelo Plano entre 2004 e 2010 e depois pelo Plano entre 2012 e 2016, bem como o Plano Nacional de Saúde 2020–2023, representam exercícios de orientação das políticas públicas da Saúde, de utilidade indiscutível.

A doença dos legionários ocorre com expressão epidémica em Vila Franca de Xira (2014), em Lisboa, associada ao Hospital São Francisco Xavier (2017) e no norte do país, em Matosinhos, Vila do Conde e Póvoa do Varzim (2020).

A partir de 2015, o primeiro-ministro, António Costa, nomeia, sucessivamente, como ministros da Saúde: Adalberto Campos Fernandes, Marta Temido e Manuel Pizarro.

Os anos de 2020–2022 são marcados pela pandemia covid-19, que ocorre em ondas sucessivas. A nível mundial, desde o início, provoca a morte a mais de 6 milhões de doentes, até ao princípio de 2023.

A partir de 2021, a OMS recomenda, pela primeira vez, a utilização da nova vacina contra o paludismo (RTS, S) em crianças que vivem em regiões com risco moderado ou elevado de transmissão de *Plasmodium falciparum*.

Problemas críticos, motivados pela escassez de recursos humanos, afetam o funcionamento do SNS, em especial o atendimento em blocos de partos, durante o segundo semestre de 2022.

5. DESAFIOS PARA O FUTURO. UMA NOVA ERA

IR ALÉM DOS AVANÇOS ALCANÇADOS EM SAÚDE PÚBLICA

Em termos históricos, com exceção da vacina contra a varíola, introduzida por Edward Jenner[293], em 1798, os avanços fundamentais em Saúde Pública verificaram-se na segunda metade do século XIX, mas principalmente no século XX e no novo *millennium*.

Esses avanços já alcançados representam imensos ganhos. Em 1855, Snow comprova o modo de transmissão hídrica da cólera e descreve o método epidemiológico; a introdução da assépsia em cirurgia, em 1865; a identificação do agente bacteriano do carbúnculo, em 1879; a formulação dos postulados de Koch para demonstrar a relação de causa e efeito de agentes patogénicos e doenças, em 1882;[294] a descoberta do vírus do mosaico do tabaco, em 1892; o isolamento da bactéria da peste, em 1894, por Alexandre Yersin; a introdução da aspirina em comprimidos por Hoffmann, em 1897; em 1898, a descoberta da radioatividade por Marie Curie; em 1902, Maurice Duyk introduz, pela primeira vez, a cloração da água destinada a consumo humano;[295] em 1910, Charles

[293] A vacina de Edward Jenner (1749–1823) viria a erradicar a varíola do planeta em 1980.

[294] Recebe o Prémio Nobel em 1905.

[295] A cloração contínua da água com hipoclorito de sódio deve-se a Houston e McGowan (Lincoln, Reino Unido, 1905).

Nicolle descobre o papel do piolho como vetor do tifo exantemático; [296] em 1918, verifica-se a expansão da cloração da água destinada a consumo humano; em 1921, o isolamento da insulina por Banting e Best;[297] no mesmo ano, a introdução da vacina BCG contra a tuberculose devida a Calmette e Guérin; em 1928, a descoberta da penicilina por Fleming;[298] a descoberta da natureza viral do agente da gripe, em 1933, por Wilson Smith; a vacina contra a febre amarela em 1937 por Max Theiler;[299] o desenvolvimento da microscopia eletrónica, a partir de 1939; a descoberta do DDT, em 1939, por Paul Muller;[300] a comercialização ampla de antibióticos desde 1940; a descoberta da estreptomicina, em 1943, por Waksman;[301] a utilização preventiva e curativa da cloroquina, em 1947, por Andersag; a cultura do vírus da poliomielite in vitro por John Enders, em 1949;[302] a descoberta do ADN em 1953 por Crick e Watson;[303] a preparação da primeira vacina, injetável, contra a poliomielite aguda, em 1955, e oral, em 1961, por Salk e Sabin;[304] o início do uso da pílula anticoncecional em 1960, devida, entre outros, a Gregory Pincus;[305] a realização da Conferência Internacional de Alma-Ata, em 1978; a descoberta, em 1982, de priões por Stanley Prusiner;[306] a descoberta do vírus da SIDA por Luc Montagnier em 1983;[307] e, na mesma altura, a introdução

[296] Agraciado com o Prémio Nobel em 1928.

[297] O Nobel é atribuído a Banting e Macleod em 1923 (Best é incompreensivelmente excluído).

[298] Alexander Fleming é laureado com o Nobel da Medicina em 1945.

[299] O médico sanitarista e microbiologista sul-africano Max Theiler (1899–1972) recebe o Prémio Nobel em 1951, pela descoberta da vacina antiamarílica.

[300] Agraciado com o Nobel em 1948.

[301] O bioquímico ucraniano Selman Waksman (1888–1973) é galardoado, em 1952, com o Nobel pela descoberta do primeiro antibiótico eficaz para a tuberculose.

[302] Prémio Nobel da Medicina e Fisiologia em 1954.

[303] Francis Crick e James Watson recebem o Prémio Nobel em 1962.

[304] Vacinas contra a poliomielite preparadas, respetivamente, pelo norte-americano Jonas Salk (1914–1995) e pelo polaco Albert Sabin (1906–1993).

[305] A título de exemplo de filantropia relacionada com a saúde da mulher, há a notar que as investigações para a preparação da pílula anticoncecional foram financiadas pela milionária americana Katharine McCormick (1875–1967).

[306] O médico neurologista norte-americano Stanley Prusiner recebe o Prémio Nobel em 1997.

[307] O virologista francês Luc Montagnier (1932–2022) recebe o Prémio Nobel em 2008.

de novo medicamento, de origem vegetal, para a malária, a artemisinina, por Youyou.[308]

Também neste *millennium*, acontecem: a transformação da SIDA em doença crónica pela terapêutica inovadora; a cura da hepatite C; diagnóstico laboratorial de infecções por métodos de biologia molecular (PCR); novos medicamentos biológicos para doenças oncológicas; a introdução de vacinas «inteligentes» de ARN mensageiro, contra a covid-19, por Ugur Sahin e Özlem Türeci, em 2020–2021; a introdução de uma nova vacina para imunização antivariólica à base da estirpe Ancara, utilizada para prevenção e controlo da epidemia de doença do vírus *monkeypox*, em 2022.

Os avanços acima mencionados não são, porém, nem os últimos, nem suficientes para ganhar desafios futuros. É preciso ir mais longe. Os antibióticos estão em risco, devido à propagação de bactérias resistentes, nomeadamente associadas à prestação de cuidados de saúde. As resistências passam a interessar às doenças infecciosas, quer provocadas por bactérias, quer por vírus, fungos ou por protozoários. Constituem um dos mais importantes duelos do futuro.[309]

Novas vacinas, marcadores e tratamentos biológicos ou de base genómica contra determinadas doenças são outros desafios, para além dos progressos, já ganhos, contra o vírus da hepatite B e do papiloma vírus humano e com os medicamentos inovadores.[310]

Em termos de prevenção secundária, há ainda investigações inadiáveis, nomeadamente sobre métodos mais eficientes de antecipar o diagnóstico e instituir terapêutica precocemente de condições crónicas: doenças oncológicas, cardiovasculares ou endócrinas, em especial a diabetes.[311]

Os efeitos em Saúde Pública decorrentes das alterações climáticas representam riscos e problemas que impõem soluções urgentes e inovadoras.

[308] A chinesa Tu Youyou recebe o Prémio Nobel pela descoberta do novo medicamento para a malária em 2015.

[309] É preferível a designação de *duelos com o futuro*.

[310] A primeira vacina contra o cancro (hepatoma) deve-se aos trabalhos de Baruch Blumberg, laureado com o Nobel da Medicina, em 1976, pela descoberta do vírus da hepatite B e dos contributos que dá para a obtenção da vacina.

[311] Designadamente, de marcadores para diagnósticos de base bioquímica ou genómica.

A utilização de inteligência artificial é prometedora. E o futuro?

CONTROLAR A RESISTÊNCIA DOS AGENTES MICROBIANOS PATOGÉNICOS AOS ANTIMICROBIANOS

Paula Coutinho e *Fátima Roque*

Certamente, um desafio prioritário. A elevada ocorrência de infecções bacterianas resistentes a antibióticos tem vindo a aumentar a mortalidade (estimam-se 700 mil mortes por ano, ao nível global). Em 2050, prevê-se que este número aumente até 10 milhões por ano, se não forem adotadas medidas preventivas.[312] Paralelamente, os genes que marcam a resistência aos antibióticos e as bactérias resistentes têm uma ampla distribuição, razão pela qual são considerados poluentes ambientais emergentes. A resistência antimicrobiana é um mecanismo biológico pelo qual o agente patogénico evolui para desenvolver a capacidade de se tornar resistente a antimicrobianos. O desenvolvimento da resistência é intrínseco à utilização de antibióticos. É um processo natural que resulta da pressão seletiva a que os microrganismos são sujeitos quando expostos a antimicrobianos. Os primeiros casos de resistências bacterianas surgiram na década de 1940, logo após a introdução no mercado das penicilinas.

As bactérias adquirem resistência a antibióticos através de mecanismos intrínsecos ou adquiridos. A resistência intrínseca está relacionada com propriedades estruturais ou funcionais de uma determinada espécie bacteriana, independentemente da exposição anterior a antibióticos.

Já os mecanismos adquiridos surgem devido a mutações espontâneas ou, mais frequentemente, através da transferência de material genético de uma fonte externa ou pela transferência horizontal de genes. Os genes que codificam mecanismos de resistência a antibióticos estão localizados no cromossoma bacteriano ou no material genético extracromossómico na forma de elementos genéticos móveis, tais como plasmídeos, transposões e integrões. Estes genes podem ser transmitidos para a próxima geração (transferência vertical) ou partilhados entre bactérias de grupos taxonómicos diferentes e entre bactérias patogénicas e não pato-

[312] *World Health Organization* (2019). Não há tempo a perder: acautelar o futuro contra infeções resistentes aos medicamentos.

génicas (transferência horizontal). A transferência horizontal é, provavelmente, o principal fator que contribui para a ocorrência de novas estirpes resistentes.

Estudos realizados na Europa[313] indicam haver uma relação entre o consumo de antibióticos e as resistências desenvolvidas em cada um dos países, mostrando que a variação geográfica pode ser explicada pela variação da pressão seletiva exercida pelas diferenças de consumo de antibióticos entre os diferentes países.

Pesquisas recentes mostram que, na União Europeia (UE), morrem anualmente mais de 33 mil pessoas devido a bactérias resistentes aos antibióticos; das quais 75% são causadas por infecções associadas aos cuidados de saúde. Embora a utilização de antibióticos esteja, lentamente, a diminuir na UE, 20% dos pacientes continuam a tomá-los erradamente para combater infecções virais ou «resfriados».

Apesar da tendência de diminuição das resistências aos antimicrobianos, entre 2016 e 2022, na UE, há exceções preocupantes: aumento da resistência da *E. coli* e da *K. pneumoniae* aos carbapenemos, e mais alarmante ainda, a resistência da *E. faecium* à vancomicina, com aumento de 11,6% em 2016 para 16,8% em 2020. Apesar de haver sinais de melhoria, os *S. aureus* resistentes à meticilina, durante 2016–2020, continuam a ser uma inquietação, devido à resistência combinada a outros grupos de antimicrobianos.

As soluções para o fenómeno da resistência são complexas, visto que envolvem diversos sectores, nomeadamente a saúde humana e animal, bem como o ambiente. Neste sentido, surge o conceito *One Health*[314], consensualizando uma abordagem que implica o desenvolvimento e implementação de políticas de forma integrada.

A prioridade é eliminar o uso inadequado de antibióticos tanto em medicina humana, como em medicina veterinária, e na agricultura ou no ambiente.[315]

[313] Dados recolhidos pela Rede Europeia de Vigilância do Consumo de Antimicrobianos e pela Rede Europeia de Vigilância da Resistência aos Antimicrobianos.

[314] *EU's One Health Action Plan* com identificação dos objetivos da CE para a luta contra a resistência a antimicrobianos, e de políticas que de forma integrada respondam ao nível da saúde humana, saúde animal e ambiente.

[315] O uso inadequado é atribuído a prescrição inapropriada; automedicação; interrupção precoce do ciclo de tratamento; prolongamento excessivo da antibioterapia; falta de normas

A inclusão da população é essencial nestas intervenções, com estratégias de decisão partilhada entre os médicos e doentes.

Em 2013, neste sentido, foi criado, em Portugal, o Programa de Prevenção e Controlo de Infecções e de Resistência aos Antimicrobianos (PPCIRA).[316]

Por outro lado, ao nível ambiental, há estirpes de bactérias resistentes sistematicamente detetadas em diversas matrizes: o ar, o solo, águas subterrâneas, águas superficiais, águas residuais e águas de consumo. A evolução e a disseminação das resistências bacterianas no meio ambiente devem-se essencialmente quer à pressão seletiva imposta pelo uso inapropriado de antibióticos na medicina humana e veterinária, com a exposição repetida de bactérias a baixas concentrações de antibióticos que favorece a predominância de estirpes resistentes, quer à capacidade de bactérias resistentes transferirem os genes a outras bactérias, mesmo entre grupos taxonómicos diferentes. A transmissão cruzada entre vários hospedeiros e reservatórios ambientais desempenha um papel importante na emergência e disseminação da resistência bacteriana aos antibióticos. Os genes de resistência representam, assim, um novo tipo de poluente no meio ambiente. Podem persistir em ambientes aquáticos por longos períodos e ser adquiridos por bactérias não resistentes, livres ou em biofilmes, aumentando o risco da presença de bactérias resistentes em meios aquáticos. A presença de bactérias resistentes na água para consumo humano pode explicar a necessidade de introduzir a identificação das resistências nos programas de vigilância de qualidade da água.

A seleção dos processos utilizados nas estações e tratamento é oportuna. As tecnologias de biorremediação, recentemente desenvolvidas, tais como a oxidação avançada, a filtração biológica e carvão ativado, filtração da membrana, também não conseguem remover os genes da resistência, podendo mesmo contribuir para a sua disseminação ao longo dos sistemas de distribuição de água. Assim sendo, o desenvolvimento de processos tratamento, acessíveis e eficientes, para eliminar antibióticos, bactérias e genes de resistência, é um desafio com oportunidade indiscutível. A mitigação da disseminação da resistência aos antibióticos

clínicas de qualidade; uso indevido em pecuária e agricultura.

[316] Na liderança do PPCIRA destaca-se José Artur Paiva (Hospital de São João, Porto).

no ambiente deve contemplar estratégias que visem a eliminação dos antibióticos e de bactérias e genes de resistência nas estações de tratamento de água (ETA) e de águas residuais (ETAR), limitando o desenvolvimento de biofilme em sistemas de distribuição de água.

Entre as estratégias agora desenvolvidas, as tecnologias baseadas na adsorção e degradação de poluentes, recorrendo a biomateriais, nanotecnologia e microalgas, têm demonstrado um grande potencial para ultrapassar algumas limitações dos atuais processos de tratamento de água, nomeadamente no que diz respeito à remoção dos antibióticos, o que é crucial para reduzir a pressão seletiva que contribui, em grande parte, para o controlo da disseminação de bactérias resistentes aos antibióticos e genes de resistência. Por isso, a utilização complementar de nanotecnologia e microalgas no processo de tratamento de água, enquanto processos mais sustentáveis, que evitam a libertação de subprodutos e tóxicos para o ambiente, são desafios e investimentos futuros para otimizar as suas propriedades de ação biocatalítica e adsorção e estabelecer como soluções eficientes, estáveis, escaláveis e económicas para a monitorização, controlo e remoção de poluentes emergentes de vários sistemas aquáticos.

O investimento em novas moléculas e novas classes terapêuticas pela indústria é um desafio.[317] No entanto, se não houver modificação nos comportamentos e boas práticas na clínica humana, na medicina veterinária e na agricultura, qualquer nova substância ativa não controla o problema das resistências.

Para além destas ações, há ausência de legislação relativa à monitorização dos antibióticos, bactérias e genes de resistência no ambiente.

Em 2015, a Comissão Europeia publica uma lista de vigilância de substâncias a monitorizar no ambiente,[318] incluindo a eritromicina, claritromicina e azitromicina. Desde então, esta lista foi ampliada à amoxicilina e ciprofloxacina, e sulfametoxazol e trimetoprim. É relevante, assim, para a Saúde Pública, assegurar a monitorização da persistência de antibióticos no ambiente e concretamente na água destinada a consumo humano.

[317] Incluindo novos ensaios com bacteriófagos.

[318] *Watch List of Substances for Union-Wide Monitoring in the Field of Water Policy Pursuant to Directive 2008/105/EC of the European Parliament and of the Council.*

Em termos de desafio, a propagação de resistências de agentes patogénicos a antimicrobianos assume uma expressão epidémica preocupante, que tem de ser controlada. As resistências de bactérias a antibióticos, de vírus a antivirais e de plasmódios a antipalúdicos são desafios que exigem a mobilização de todos.

INSISTIR NA PREVENÇÃO PRIMÁRIA

A prevenção primária é, naturalmente, a primeira de todas as medidas, na dimensão preventiva. Engloba a prevenção da doença, a promoção da saúde e a proteção específica através da vacinação ou de quimioprofilaxia.

Incentivar a literacia na perspetiva da promoção da saúde e fazer sair a população mais vulnerável da condição de iletrada em saúde é um desafio com prioridade absoluta. Só desta maneira é possível assegurar a colaboração da população no processo de promoção da saúde a todos os níveis, nomeadamente individual, familiar e comunitária.

A literacia para a saúde é considerada um processo permanente, sempre atual, que visa aumentar os conhecimentos e competências para, inteligentemente, gerarem opções saudáveis. Isto é, impelirem, naturalmente, a adoção de comportamentos e estilos de vida com menos riscos, nomeadamente sem tabagismo, com alimentação equilibrada, com moderação do consumo de álcool, com mais exercício físico, com conforto térmico e menos exposição ao *stress*.

A análise histórica dos resultados alcançados no âmbito da prevenção primária da doença, na perspetiva da conservação da saúde, demonstra a necessidade em assegurar o envolvimento de pedagogos e professores neste processo. A saúde escolar constitui o âmago do processo de prevenção primária. A inclusão de temas centrais, referentes aos grandes desafios, nos manuais e *curricula* escolares é considerada uma prioridade absoluta. Para tal, as autoridades dos dois ministérios implicados têm elevada responsabilidade, incluindo na prevenção de comportamentos aditivos.

É a situação, por exemplo, dos «problemas ligados ao álcool», muitos deles evitáveis, que, pela sua importância, têm de ser motivo da atenção. Nestes termos, são os pedagogos, a todos os níveis do ensino, que têm de estar devidamente preparados para conduzir o processo preventivo do consumo de álcool e dos problemas a ele ligados. Neste sentido, é aconselhada a transmissão de informações específicas para determinadas situações como gravidez, amamentação, crianças, jovens, condutores de máquinas, automóveis, trabalhadores da construção civil, etc.

No fundo, o objetivo é assegurar que cada cidadão escolha estilos de vida saudáveis. Isto é, que opte por comportamentos seguros, que prefira a opção certa e o que faz bem à sua saúde, como pessoa integrada na sua família e na sua comunidade.

Já a «proteção específica» não só abrange a vacinação que induz imunização para prevenir certas doenças-alvo (de natureza infecciosa ou oncológica),[319] como também esquemas «específicos» de quimioprofilaxia. São os casos de determinadas situações que são prevenidas pela administração de fármacos, em regimes de eficácia comprovada, nomeadamente o ácido fólico, o flúor, o iodo, aspirina, estatinas ou antipalúdicos.

O alargamento de medidas de «proteção específica» a outras doenças são desafios para o futuro próximo. Assim acontece para a infecção pelo vírus ébola ou para doenças oncológicas.

Neste domínio, são exemplos concretos os avanços conseguidos em certas vacinas preventivas para a leucemia mieloide aguda ou para o cancro da mama. Estão em fase adiantada as pesquisas com recurso a métodos moleculares de ARN mensageiro.

INOVAR MAIS EM PREVENÇÃO SECUNDÁRIA

Os métodos de rastreio de base populacional demonstram, no plano científico, que são ferramentas de Saúde Pública indispensáveis para obtenção de mais ganhos. Assim acontece, entre outros problemas, em relação à retinopatia diabética, tal como às doenças oncológicas da mama, do intestino e da próstata.

Os novos testes de rastreio pré-natal, não invasivos, para diagnóstico de trissomias e aneuploidias sexuais cromossómicas representam um indiscutível avanço em saúde materna e fetal que está em desenvolvimento.

[319] As vacinas do PNV contra a hepatite B e contra o vírus do papiloma humano são preventivas contra doenças oncológicas. A este propósito, Manuel Sobrinho Simões sublinha que a oncogénese não resulta da ação dos vírus em si, mas da inflamação que provocam (e, naturalmente, associada aos estilos de vida).

Igualmente, o «teste do pezinho» é exemplo de boas práticas que permite diagnosticar e tratar, precocemente, doenças raras em recém-nascidos aparentemente saudáveis. Em 2022, é dilatado ao rastreio da atrofia muscular espinal.[320] É um modelo de rastreio a alargar, uma vez que o diagnóstico tão precoce quanto possível da doença continua a representar um objetivo principal na perspetiva da rápida instituição da terapêutica ou mesmo da aplicação de medidas preventivas.

Por outro lado, o estudo genético para identificação da presença de mutação no gene BRCA-2 permite focar as investigações neste grupo populacional, uma vez que têm maior risco para os cancros da mama (60%), ovário (15%) e pâncreas (até 10%).

É neste sentido que especialistas em genética procuram obter informações a partir do genoma, uma vez que a informação genética pode ter um valor preditivo de antecipação, isto é, para prever e prognosticar a doença e, deste modo, permitir iniciar rapidamente o respetivo tratamento ou prevenção.

As demências, apesar da tendência de crescimento que apresentam, paralelamente ao aumento da longevidade, carecem de novas soluções de diagnóstico e terapêutica precoces. A predisposição genética na génese da doença de Alzheimer, designadamente alterações do genoma (alelo e4 do gene ApoE), é animadora.[321]

No que respeita à diabetes, há que melhorar o diagnóstico precoce quer do tipo 2 (diabetes eminentemente hereditária) quer do tipo 1, de natureza autoimune. A pesquisa da mutação monogénica (comummente designada como diabetes MODY)[322] é importante para estabelecer, desde logo, não só a terapêutica mais adequada, como também identificar uma eventual condição de doença genética hereditária.

Para João Lobo Antunes, «a medicina deixa, pois, de ser reativa para passar a ser proativa».

Em 2022, é identificado novo biomarcador que permite acompanhar e melhorar a eficácia da evolução do tratamento do cancro do pâncreas. Constitui um avanço para melhoria do prognóstico, portanto, como

[320] Doença genética devida à alteração do gene SMN1.

[321] O alelo ApoE4 encontra-se em 10–15% da população, o que representa um risco em relação à doença de Alzheimer que aumenta em função da existência de dois alelos.

[322] Sigla de *Maturity-Onset Diabetes of the Young.*

ganho, tanto mais que não há opções de rastreio de base populacional (como sucede com o cancro da mama, por exemplo).

A introdução de outros biomarcadores de doença, bem como de protocolos clínicos de avaliação continuada, baseados em imagiologia, são desafios a conquistar a curto prazo em diversas especialidades como a Oncologia ou a Cardiologia.

O desenvolvimento de exames imagiológicos permite progredir no diagnóstico precoce de doenças, nomeadamente do cancro do pâncreas, de cardiopatias e de aneurismas.

Novos tratamentos do tipo «vacinas terapêuticas» para doenças oncológicas como o melanoma, são desafios que podem acontecer proximamente, tal como no âmbito da medicina nuclear, a produção de radiofármacos.

REDUZIR OS EFEITOS EM SAÚDE PÚBLICA DECORRENTES DAS ALTERAÇÕES CLIMÁTICAS E MITIGAR A DEGRADAÇÃO AMBIENTAL

A Revolução Industrial está, comprovadamente, na origem de múltiplos problemas ambientais que afetam, agora, o planeta e, naturalmente, quem o habita.

No seu conjunto, são designados como efeitos da poluição em Saúde Pública.

No processo de mitigação da degradação do ambiente, é essencial promover a articulação dos sistemas de vigilância epidemiológicos de saúde humana, de saúde animal e, também, ambiental, baseados em ferramentas de *epidemic intelligence*. Nesta perspetiva, os centros de planeamento e análise de informação das autoridades, quer sanitária, quer de veterinária, quer, ainda, da área ambiental e, também, do Ministério da Defesa, têm de estabelecer um sistema de comunicação permanente, uma vez que as informações decorrentes dos sistemas de monitorização são complementares.

A implementação de estratégias de produção de energia «limpa», com redução de eliminação de CO_2, e as políticas ambientais que visam preservar estruturas naturais *carbon sinks* são, mais que tudo, urgentes.

Como desafio, há que ter em conta o desenvolvimento de tecnologias inovadoras para captura e armazenamento de CO_2. O objetivo é armazenar o dióxido de carbono, em profundidade, em formações geológicas adequadas para assegurar a sua retenção e, portanto, evitar as consequências negativas ambientais que seriam provocadas pelo efeito de estufa.

É, também, no sentido de combater a poluição ambiental que há determinadas medidas que estão em avançada fase de concretização, por etapas, para restringir o uso de químicos poluentes na União Europeia, incluindo no próprio vestuário. É neste quadro que as propostas apresentadas pela Agência Europeia para os Químicos (ECHA), de acordo com o calendário estabelecido, estão já a banir e a impor restrições à utilização de certas substâncias químicas como ftalatos, bisfenóis, perfluoralquiladas, usadas nos plásticos, etc. Os critérios para as restrições impostas são baseados quer pela intensidade de poluição ambiental que provocam (nomeadamente os plásticos), quer pela ação cancerígena, infertilidade ou disrupção endócrina, motivadas pela exposição a essas substâncias.

A poluição é, por si, um agente destrutivo com efeitos negativos em Saúde Pública, abundantemente comprovados, tanto na morbilidade (doenças crónicas respiratórias, em particular) como na mortalidade. Contribui, igualmente, para acentuar a pobreza e a insegurança alimentar como resultado da destruição de culturas agrícolas em consequência de secas, cheias e ciclones. A poluição está associada a uma constelação de fatores: produção de poluentes industriais e urbanos, mas, também, a agricultura e pecuária indevidas. Na área urbana, as próprias unidades de saúde (hospitais, em especial) constituem, em regra, importantes fontes produtoras de poluição ambiental, nomeadamente através da emissão de poluentes para a atmosfera, para o sistema de águas residuais e solo, razões que explicam a urgência da introdução de mecanismos de mitigação destes efeitos negativos. O destino dos próprios resíduos hospitalares é ainda regido por regulamento anacrónico que tem de ser atualizado desde já.

No que se refere à poluição do ar exterior, é necessário aumentar o número de estações equipadas com sensores para monitorizar os teores de poluentes (dióxido de azoto e concentração no ar de partículas PM 10) para, se necessário, serem aplicadas medidas de correção.[323]

323 PM 10: refere-se a partículas que não ultrapassam 10 micrómetros de diâmetro. A promoção de transportes públicos é tida como medida eficaz para baixar os teores de poluentes do ar exterior, ao limitar a circulação de automóveis particulares.

Tema atual, complementar, em termos de desafios, é o controlo do lixo marítimo, em particular provocado pela poluição devida a microplásticos. Sublinhe-se que fibras e outros componentes de microplásticos têm sido encontrados em peixes e bivalves, comprovadamente. Uma vez presentes na cadeia alimentar, são ingeridos por seres humanos e animais. Há, assim, propostas que visam enquadrar este problema no conceito: *ONE OCEAN, ONE HEALTH*.

O controlo da degradação ambiental impõe como desafios prioritários, designadamente, a opção pela eficiência energética a todos os níveis, a utilização de combustíveis e energias limpas,[324] como etapa, indispensável, para ganhar os desafios da redução da morbilidade e mortalidade na perspetiva de sustentabilidade.

Ora, os especialistas em Astrofísica calculam, unanimemente, que a Terra existe há mais de 4000 milhões de anos. Surge, em consequência de um complexo processo de explosões, depois da formação do Sol.[325] Naturalmente, ao longo da história do planeta sucedem-se inúmeros períodos de alterações climáticas, naturais.

Questão diferente, atualmente preocupante, é a aceleração do processo de alterações climáticas que, desde a viragem dos séculos XIX para o XX e deste para o XXI, acontece, comprovadamente, devido à ação antropogénica. Qualquer cidade, com as suas envolventes suburbanas, é extraordinariamente diferente, 100 anos depois, quando comparada com o ambiente, da mesma cidade, em 1900. Ora, é a atividade humana que cria unidades fabris, que utiliza energia por combustíveis fósseis, que multiplica o uso de motores de combustão movidos a gasolina ou gasóleo, degradando o ambiente. Comportamentos e atuações poluentes. É essa atividade que está na origem do aquecimento global, que, por sua vez, transforma regiões do planeta de clima temperado em subtropicais.

Além disso, há que ter em atenção a destruição antropogénica de *habitats* naturais, em consequência da expansão da atividade humana que acaba por favorecer o contacto com animais exóticos (reservatórios e hospedeiros de agentes patogénicos potencialmente de natureza zoonótica).

[324] Como, por exemplo, a promoção da mobilidade elétrica.
[325] A formação do Sol ocorre há 4600 milhões de anos.

Os peritos consideram que a linha vermelha para o aquecimento do planeta já foi atingida, uma vez que a temperatura média subiu 2 °C em comparação com os valores pré-industrialização.[326]

A camada de ozono da estratosfera[327] é reduzida em consequência da emissão antropogénica de gases com efeito de estufa, nomeadamente de dióxido de carbono, metano e óxido nitroso. Para além destes compostos naturais, há outros, de natureza sintética, como os gases fluorados, que têm, igualmente, o mesmo efeito em empobrecer o ozono estratosférico.[328] Os maiores emissores dos gases com efeito de estufa são, por ordem decrescente, China, EUA, União Europeia, Índia, Rússia e Japão.

Em regra, 77% das emissões de gases poluentes são da responsabilidade do sector da energia.

Em 2015, o Tratado de Paris estabelece como meta climática limitar o aquecimento entre 1,5 °C, comparado com a era pré-industrial, através da redução de 45% das emissões anuais de gases com efeito de estufa. Porém, em 2022, o Relatório das Nações Unidas (UNFCCC)[329] lança novo alerta ao prever que até ao final do século o aquecimento global pode ser superior a 2,5 °C, nível que teria consequências dramáticas.

Em Portugal, a Lei de Bases do Clima, aprovada em 2021, ao reconhecer a situação de emergência climática, enumera os objetivos da política do clima e estabelece os princípios orientadores das políticas públicas na perspetiva do desenvolvimento sustentável.[330]

As alterações climáticas explicam a subida da temperatura ambiental e a maior intensidade de fenómenos climáticos extremos, como as ondas de calor e as secas prolongadas, que, por sua vez, estão associadas ao aumento de frequência e gravidade de fogos florestais. Por outro lado, as tempestades, ciclones e a precipitação elevada causam cheias que contribuem para a subida gradual do nível do mar, ameaçando a submersão de territórios de baixa altitude, tal como o degelo de glaciares.

[326] A década 2011–2020 foi a mais quente desde que há registos.

[327] O ozono estratosférico tem um efeito protetor em relação à irradiação terrestre.

[328] A emissão antropogénica de alguns destes gases tem consequências no empobrecimento do ozono estratosférico, como os clorofluorcarbonetos (CFC).

[329] Relatório da *UN Climate Change Conference* (*version: October 2022*).

[330] Lei 98/2021, de 31 de dezembro.

A elevação da temperatura da atmosfera cria condições ecológicas propícias para a multiplicação de artrópodes, vetores de doenças. Assim sendo, admite-se, como resultado, o aumento de infecções de transmissão vetorial como dengue, zika, chicungunha, febre amarela, febre do Nilo Ocidental e malária, entre outras. Aliás, comprovou-se a existência de populações de artrópodes invasores em regiões como a Madeira e mediterrânicas (incluindo Portugal), respetivamente de mosquitos das espécies *Aedes aegypti* e *Aedes albopictus*.

É também no contexto da redução do ozono estratosférico que surge maior incidência de cancros cutâneos (como o melanoma), associados à exposição a raios solares.

Os peritos da OMS estimam que a saúde humana está e estará em risco pelos efeitos, diretos ou indiretos, da crise climática. O excesso de mortalidade provocado é devido à malnutrição, diarreias agudas e ondas de calor.[331] Em 2022, as cheias devastadoras verificadas no Paquistão traduzem os efeitos da crise manifestada por fenómenos climáticos extremos desta forma.

À consciência coletiva sobre riscos ambientais devidos às alterações climáticas, juntam-se as manifestações dos líderes dos Estados do sul da Europa (Portugal, Espanha e França), que, em 2018, acordam em metas ambiciosas para a descarbonização da economia e para a energia sustentável.

No plano estratégico, há que incentivar a eficiência energética e a transição para energias renováveis.

Em 2020, Portugal aprova o Plano Nacional de Energia e Clima até 2030.[332] As metas fixadas visam, entre outras, a redução para metade das emissões de gases com efeito de estufa, relativamente a 2005, e a incorporação de 47% de energia de fontes renováveis no consumo final bruto de energia.

No âmbito da descarbonização da economia, o desafio, no que se refere à transição energética, impõe a utilização, ainda mais, de recursos naturais disponíveis em Portugal, como a energia eólica ou a promoção da energia solar fotovoltaica. O binómio libertar menos carbono, por um lado, e, por outro, capturar o carbono é o rumo estratégico a observar.

[331] Os efeitos provocados pelo *stress* pós-traumático causado por desastres ambientais, como secas ou cheias, não podem ser ignorados, igualmente.

[332] Resolução do Conselho de Ministros n.º 53/2020.

Em 2022, tem lugar, no Egito, a 27.ª Conferência das Nações Unidas sobre Alterações Climáticas, que reconhece o insucesso das metas anteriormente fixadas (acordadas em Paris em 2015), que não são alcançadas para conter o aquecimento global abaixo de 2 °C (preferencialmente sem exceder o limiar de 1,5 graus), uma vez que admite a subida de 2,8 °C até ao final do século. A Conferência reconhece que os 20 países mais ricos (G20) produzem 80% das emissões globais de gases de efeito estufa (CO_2 e metano), mas que, por não procederem aos cortes necessários nas emissões poluentes, prejudicam todo o planeta, incluindo, portanto, os países pobres, que devem ser, por isso, compensados. Na ocasião, o secretário-geral da ONU insta os países ricos a assinarem um «pacto histórico» com os países pobres para financiamento das medidas de adaptação.[333]

O processo de inovação tecnológica permite, no futuro, a produção de eletricidade por eletrólise de hidrogénio verde e a consequente descarbonização da indústria. Por esta razão, a Comissão Europeia, em setembro de 2022, anunciou a criação de um fundo europeu (3 mil milhões de euros) dedicado ao fomento de projetos na perspetiva de alcançar a meta de 10 milhões de toneladas de hidrogénio renovável até 2030. Desafios que convocam todos para redobrar a ambição em socorrer o planeta e evitar um desastre ambiental.

POTENCIAR AS CIÊNCIAS SOCIOCOMPORTAMENTAIS NA SAÚDE PÚBLICA

Sónia Dias

O prolongamento da vida com qualidade, mais saudável, é o desafio principal, ao nível individual e coletivo. Implica conhecimentos e opções saudáveis ao longo de todo o ciclo de vida.

Ora, muitos dos desafios que se colocam à Saúde Pública, por exemplo, relacionados com o aumento das doenças crónicas, a saúde mental ou as resistências antimicrobianas, têm determinantes sociais e comportamentais, além de biológicas. Adicionalmente, uma proporção signi-

333 A este propósito, é citado o exemplo das cheias do Paquistão de 2022, que afetam 33 milhões de pessoas, incluindo 1200 mortos e 6 mil feridos.

ficativa de todas as mortes registadas, por ano, é atribuída a fatores de risco comportamentais, nomeadamente tabagismo, alimentares, consumo excessivo de álcool e baixo nível de exercício físico.

A integração de uma perspetiva sociocomportamental em Saúde Pública permite compreender como as pessoas e comunidades agem no que respeita à sua saúde e de que forma fatores psicológicos, sociais, económicos, culturais, ambientais e estruturais influenciam essas ações. Contribui, assim, para perceber a dinâmica, as barreiras e os facilitadores à adoção de comportamentos em saúde ao longo da vida e nos diferentes contextos em que as pessoas estão inseridas (por exemplo, familiar, laboral, social, cultural). Esta evidência é crítica no desenvolvimento e na implementação de estratégias e políticas desenhadas em torno das necessidades, recursos e contextos de vida das pessoas. Em última análise, este conhecimento ajuda a responder às questões: «Como melhor prevenir as doenças e minimizar os seus efeitos?» e «Como melhor promover a saúde e o bem-estar em todas as idades?».

No entanto, a mudança de comportamentos é dos desafios mais exigentes nos esforços para promover a melhoria da saúde das populações. Ferramentas e instrumentos, como o *Behaviour Change Wheel*, que ajudam na conceção e implementação de intervenções adequadas aos diversos contextos e situações de uma forma rigorosa e baseada na evidência, podem ter um importante papel.

É amplamente reconhecido que a discussão em torno dos comportamentos em saúde tem de transpor o plano individual e a ênfase na responsabilidade pessoal. Os comportamentos humanos são complexos, pois resultam da interação entre o indivíduo e o contexto, são influenciados por uma rede de fatores multinível e são dinâmicos, variando ao longo da vida e em função das circunstâncias. Esta realidade exige passar de uma abordagem individualista para uma perspetiva holística e sistémica de compreensão dos comportamentos no dia a dia das pessoas, incluindo nos cuidados de saúde. Assim, a aplicação das ciências sociocomportamentais requer uma intervenção multidisciplinar e multimétodos, baseada na comprovação científica, com a adoção de teorias, métodos e técnicas de múltiplas áreas científicas, e integração na investigação biomédica e dos sistemas de saúde, entre outras. Exige, ainda, competências em abordagens participativas, que envolvam ativamente diversos atores na produção desse conhecimento.

Na mesma linha, as ciências sociocomportamentais podem complementar outros esforços de Saúde Pública que implicam a criação de ambientes favoráveis à saúde, aliada à capacitação das pessoas, das comunidades e das organizações para proteger e cuidar da saúde individual e coletiva. Neste campo, a promoção da literacia em saúde assume-se, cada vez mais, como uma estratégia importante de intervenção, enquanto relevante determinante, preditor de comportamentos, perceções e participação ativa na saúde.

Um outro importante contributo das ciências sociocomportamentais é o de informar ao longo do ciclo de formulação de políticas e programas. Na fase de delineamento, auxilia o diagnóstico de perspetivas das populações sobre necessidades em saúde e potenciais respostas que melhor se adequam. Ciência que traz, também, rigor e disciplina ao desenho, implementação e avaliação de intervenções, ao permitir testar respostas concretas numa menor escala e de forma eficiente, e gerar uma base de evidência sustentada sobre o que funciona, como funciona, porquê e para quem. Este contributo é particularmente relevante, por exemplo, no contexto atual de crescente uso de soluções tecnológicas. É indiscutível o enorme potencial que a tecnologia e a inovação podem ter na melhoria da saúde das populações, possibilitando que as pessoas tenham um maior acesso a informação e façam uma gestão mais participada da sua saúde. Por outro lado, é igualmente indiscutível a necessidade de compreender a efetividade e responsividade destas novas soluções às reais necessidades dos beneficiários.

As ciências sociocomportamentais têm vindo a conquistar um espaço e a desempenhar um papel central na evolução da Saúde Pública, ao contribuírem para potenciar o impacto social e os ganhos em saúde resultantes das políticas, programas e intervenções.

Como desafio, o reforço da perspetiva sociocomportamental requer mais investigação, investimento, capacitação e experimentação. Impõe a adoção de uma abordagem transdisciplinar, em detrimento do enfoque em disciplinas, convocando profissionais com diversas formações e experiências a colaborar na resposta aos desafios complexos e dinâmicos da Saúde Pública.

PROMOVER A SAÚDE MENTAL

José Miguel Caldas de Almeida

Em 2022, o Relatório Mundial de Saúde, dedicado à saúde mental, propõe como meta «transformar a saúde mental para todos». Tentar alcançar esta meta, em Portugal, envolve desafios importantes. Primeiro que tudo, o de assegurar o apoio político claro e continuado e o investimento financeiro correspondente, indispensáveis para levar a bom termo uma verdadeira reforma da saúde mental. Nas últimas décadas, este apoio existiu em alguns períodos, o que tornou possíveis avanços significativos ao nível de leis, políticas e planos, bem como da reorganização de serviços. Em todos os casos, porém, estes avanços sempre foram ficando a meio caminho, devido às oscilações e fragilidades do apoio político e à falta de definição do envelope financeiro necessário.

A legislação aprovada no final de 2021 e o projeto de revisão da lei de saúde mental do início de 2022, bem como a alocação de verbas do PRR à saúde mental, são sinais de que algo está a mudar neste domínio. Mas as experiências do passado aconselham prudência, dadas as graves dificuldades económicas que se avizinham e a falta que continua a registar-se, em Portugal, de uma massa crítica forte que possa defender as reformas iniciadas.

A experiência da covid-19 levou a que a saúde mental tenha passado de um tema quase ignorado para um tema que está em voga. Esta mudança, contudo, não significa que o estigma associado às doenças mentais tenha desaparecido. O campo da saúde mental vai desde o bem-estar às perturbações mentais comuns e às situações de doença mental grave. A verdade é que estas últimas continuam a ser ignoradas da mesma forma que no passado. Por outro lado, as perspetivas de Saúde Pública, da saúde mental e dos direitos humanos continuam a ser largamente subvalorizadas, mesmo ao nível dos profissionais do sector. Há, ainda, muito a fazer ao nível de disseminação de conhecimentos, de advocacia e de formação.

Apesar da crescente evidência do custo-efetividade de várias intervenções de promoção e prevenção, o desenvolvimento destas intervenções, com exceção das ligadas à prevenção do suicídio, é ainda muito escasso entre nós. Este desafio só pode ser ultrapassado com financiamento específico, mais cooperação multissectorial e maior inclusão de atividades de promoção e prevenção na prática dos serviços de saúde mental.

A melhoria da saúde mental das populações depende, em grande parte, dos serviços baseados na comunidade, que são o motor da rede de serviços de saúde mental em cada território. Progressos importantes foram já alcançados na transição dos cuidados centrados nos hospitais psiquiátricos para os hospitais gerais. Estes, através dos seus departamentos de saúde mental, asseguram, já, os cuidados de saúde mental da maior parte da população portuguesa. E alguns destes serviços lograram criar equipas com base na comunidade, que asseguram uma verdadeira prática comunitária. Contudo, a maior parte mantém as suas atividades centradas no internamento e na consulta externa, com um trabalho na comunidade reduzido ou nulo.

As recentes medidas tomadas no apoio à criação de novas equipas comunitárias e na criação de condições para que os departamentos de saúde mental dos hospitais gerais possam passar a ser centros de responsabilidade podem ajudar a mudar esta situação. No entanto, as resistências encontradas no passado mostram que a implementação dos serviços comunitários em Portugal coloca vários desafios importantes. Primeiro, há que assegurar que todos os departamentos são, efetivamente, verdadeiros centros de responsabilidade que gozam de autonomia gestionária, necessária para desenvolver uma prática comunitária. Segundo, é preciso substituir o modelo de financiamento que incentiva o internamento, por um outro modelo que incentive o trabalho junto das populações. Terceiro, é indispensável acabar com o tabu, estabelecido nos anos de 1990, em relação à transformação das equipas comunitárias em verdadeiros centros de saúde mental (como acontece em todos os países que têm promovido reformas da saúde mental). Quarto, é imprescindível assegurar que o acesso aos dispositivos de reabilitação psicossocial (residências, centros de dia, programas de apoio ao emprego) não dependa apenas da iniciativa a cargo de organizações não-governamentais e de uma rede de cuidados continuados (que, aliás, é totalmente incapaz de responder às necessidades das pessoas com problemas de saúde mental). Quinto, promover a integração dos cuidados de saúde mental nos cuidados de saúde primários e criar condições para a disseminação do modelo colaborativo entre estes e os serviços de saúde mental, que provou ser o mais efetivo no campo das doenças mentais. Finalmente, é necessário dar passos significativos na defesa dos direitos das pessoas com doença mental, através da nova lei de saúde mental, da redução do uso da coerção e da promoção da participação das pessoas com experiência de problemas de saúde mental.

O grande desafio para o futuro depende, sobretudo, da mudança de paradigma que está na base da transformação da saúde mental para todos e com as dificuldades de implementação de uma das mais complexas e urgentes reformas da Saúde Pública da atualidade — uma implementação que exige compromisso político sustentado, capacidade técnica e cooperação multissectorial e, igualmente, crescente participação da sociedade civil.[334]

ADAPTAR PORTUGAL AO ENVELHECIMENTO E DIMINUIÇÃO DA POPULAÇÃO

O envelhecimento da população portuguesa acentua-se.[335] Representa um extraordinário desafio social e económico. É um fenómeno desde há muito esperado. É previsto de censo em censo, de ano em ano, pelo INE. As respetivas informações estão acessíveis, mais recentemente, no portal da PORDATA, criado por iniciativa da Fundação Francisco Manuel dos Santos.

Portugal está, comprovadamente, confrontado com duplo envelhecimento, assim designado devido à progressiva diminuição da população dos 0 aos 14 anos de idade e, simultaneamente, ao contínuo crescimento dos residentes com 65 e mais anos. Isto é, a população envelhece não só pela base, como pelo topo. Logo, há estreitamento na base da pirâmide e alargamento no cume. Todos os anos se intensifica. A transição demográfica conduz, assim, à inversão da pirâmide etária.

O envelhecimento da população é provocado, naturalmente, pela redução da mortalidade associada à redução da fecundidade. Isto é, há menos óbitos e menos crianças nascidas de mulheres em idade fértil.

A interpretação do envelhecimento por indicadores e índices exibe não só a sua evolução progressiva, mas também o ritmo acelerado.

[334] Em outubro de 2022, estima-se que vivem em Portugal 700 mil pessoas com depressão ou ansiedade, prevalência comprovada pelo INFARMED pelos elevados níveis de venda de psicofármacos respetivos.

[335] Portugal integra a lista dos dez países mais envelhecidos do mundo.

O índice de envelhecimento[336] é de 182,7 idosos por cada 100 jovens residentes, em 2021, com tendência de agravamento anual. Por outro lado, o índice de longevidade é de 29,6 (número de residentes com 80 e mais anos, por cada 100 pessoas com 65 e mais anos). Igualmente, a idade média da população residente, atualmente, é superior em relação à verificada na década anterior.[337]

No terceiro *millennium*, quer a diminuição continuada da natalidade quer o aumento da esperança de vida modificam a estrutura demográfica, que é caracterizada pela predominância de idosos.

Portanto, há cada vez mais residentes com idades acima dos 65 anos, dos 75, dos 85 anos ou 95.

O INE estima que há mais de 2,4 milhões de residentes com 65 e mais anos. São, em regra, pessoas que têm problemas de saúde e que consomem três, quatro ou mais medicamentos por dia.[338]

Ora, por outro lado, está demonstrado que a prevalência de demências tem uma relação diretamente proporcional com os grupos de idades mais idosos. Assim acontece com a doença de Alzheimer, que tem uma prevalência de 2% entre os 65 e 74 anos de idade, mas que aumenta para 30–40%, acima dos 85 anos de idade.

No que se refere à natalidade, há a destacar que, no ano de 2021, nascem 79 582 crianças; em 2010, nascem 101 381 e, em 2000, nascem 120 008 nados vivos.

Em 2020, a esperança média de vida ao nascer é de 80,7 anos (77,7 para homens e 83,4 para mulheres) e no ano seguinte aumenta para 81,06 anos.

Portugal tem cada vez mais idosos e menos crianças, com consequências ao nível do planeamento económico, visto que origina falta de disponibilidade de pessoas para trabalhar em certos sectores. A adaptação impõe a promoção da imigração qualificada, sem entraves.

[336] Rácio entre a população mais velha (65 ou mais anos) e a população mais nova, com idades inferiores a 14 anos.

[337] Na última década, a idade média dos habitantes em Portugal subiu de 41 para 44,2 anos. Por outro lado, também segundo o INE, o óbito mais frequente dos homens ocorre aos 86 anos e aos 88 para mulheres, quando na década anterior era, respetivamente, aos 85 e 87 anos.

[338] Dados provisórios do INE para 2021: indivíduos com 65 ou mais anos são 2 424 122 pessoas e com menos de 15 anos são 1 331 396.

O crescimento da população de Portugal varia constantemente todos os anos. Resulta, em cada ano, da soma algébrica do saldo natural (diferença ente nascimentos e óbitos) com saldo migratório (diferença de imigrantes e emigrantes). Em 1985, a população residente, pela primeira vez, ultrapassa o limiar de 10 milhões de habitantes, que, apesar de oscilações verificadas, ainda se mantém como patamar.

À diminuição incessante da natalidade, associa-se o problema da baixa fecundidade, que, agora, não consegue assegurar a continuidade de gerações. A evolução anual, decrescente, do índice sintético da fecundidade, segundo o INE, é de 3,20 (1960); 3,00 (1970); 2,25 (1980); 1,57 (1990); 1,55 (2000); 1,39 (2010); 1,40 (2020); 1,34 (2021).[339]

O panorama negativo do saldo fisiológico (mais óbitos do que nascimentos) que se verifica tem efeitos previsíveis em todos os sectores do Estado, mas especialmente no que respeita à sustentabilidade do sistema de segurança social. A subida da imigração e a redução da emigração constituem objetivos estratégicos.

Como medida básica, considera-se oportuno desenvolver a formação geral em demografia, incluindo através de textos escolares, quer destinados a professores quer a alunos, devidamente preparados para todos os níveis de ensino.

Neste sentido, tanto o Governo como a Assembleia da República são instados a definir e implementar políticas demográficas baseadas, necessariamente, no estímulo à natalidade e à imigração, para além da diminuição da emigração de jovens, através da adoção de medidas atrativas ao nível doméstico.

A implementação de políticas concretas, inteligentemente definidas, constitui um desafio principal, com vista à atenuação do ritmo e dos efeitos do envelhecimento, por um lado, e, por outro, do crescimento negativo da população do país, a ele associado.[340]

Desacelerar o ritmo do envelhecimento e adaptar o país a esta nova realidade constitui o grande desafio demográfico.

[339] Portanto, a fim de evitar números decimais, repare-se que, por cada dez mulheres em idade fértil, no ano de 1960, têm 32 crianças. Mas, em 2021, têm apenas 13 filhos. Ora, considera-se que a «linha vermelha» para garantir a continuidade de gerações corresponde ao índice de 2,1 (21 filhos, em média, por cada dez mulheres).

[340] Nomeadamente, a adaptação destinada a substituir pessoas (pela falta de mão de obra) por tecnologias inovadoras introduzidas em todos os sectores de atividade.

REDUZIR A POBREZA

A comprovação da relação da saúde e da doença com os rendimentos familiares está documentada, desde 1848, quando Rudolf Virchow estudou as causas da epidemia de tifo entre os mineiros de carvão na Alta Silésia. O relatório que então redige declara que a génese da epidemia está relacionada com as péssimas condições de trabalho e com os baixos salários. Por isso, como medida de prevenção e controlo da propagação do tifo, propõe a subida de salários dos trabalhadores.

Virchow propõe, assim, interromper o ciclo *de a pobreza gerar doença e de a doença acentuar a pobreza.*

Nestes termos, a redução da pobreza representa um desafio principal em Saúde Pública.

A magnitude da sua existência, em Portugal, não pode ser ignorada. Calcula-se que mais de 2,3 milhões de pessoas estão, em 2022, em risco de pobreza ou exclusão social (correspondente a 22,4% da população).

Em 2022, segundo a PORDATA, há 4,4 milhões de pobres avaliados apenas pelos rendimentos próprios, excluídos, portanto, os apoios sociais. Com subsídios sociais que auferem, o número de pobres desce para 1,9 milhões. Porém, atendendo às condições de vida, como o alojamento precário, impossibilidade de aquecimento, durante as semanas frias do ano, e as dificuldades alimentares da família, os pobres atingem 2,3 milhões de pessoas, como acima assinalado.

Estudos desse ano, 2022, promovidos pela Fundação Francisco Manuel dos Santos, demonstram que a maioria das pessoas em situação de pobreza têm emprego: 32,9% são trabalhadores; 27,5% reformados; 26,6% têm empregos precários e apenas 13% são desempregados. Os agregados familiares com crianças apresentam maior taxa de pobreza.[341]

Segundo o «Relatório 2022 de Pobreza e Exclusão Social em Portugal»: «O impacto da pandemia nas condições de vida e rendimento da população em Portugal foi muito forte. A população em risco de pobreza ou exclusão social aumentou em 12% face ao inquérito anterior, o que corresponde a mais de 256 mil pessoas».[342]

Em 2021, o Governo publica a Estratégia Nacional de Combate à Pobreza 2021–2030, enquadrada no desafio da redução das desigual-

[341] Estudo coordenado por Fernando Diogo, professor da Universidade dos Açores.

[342] Observatório Nacional de Luta contra a Pobreza, outubro, 2022.

dades e em articulação com o Pilar Europeu dos Direitos Sociais e com os Objetivos de Desenvolvimento Sustentável da Agenda 2030. Neste âmbito, a Estratégia coloca as seguintes metas: reduzir a taxa de pobreza monetária para 10% da população, retirando da pobreza 660 mil pessoas; reduzir para metade a taxa de pobreza de crianças, subtraindo 170 mil crianças dessa situação e, igualmente, aponta como objetivo baixar para metade a taxa de pobreza entre trabalhadores, afastando 230 mil dessa condição. A Estratégia aprovada prevê alcançar estes objetivos através de uma abordagem multidimensional e transversal de articulação das políticas públicas.

Em consequência da invasão da Ucrânia pela Rússia (2022), desponta uma crise energética que, associada à pressão inflacionista, agrava as condições de vida em geral, e sobretudo das pessoas e famílias pobres.

O aumento verificado em 2022 exprime o insucesso de políticas públicas, uma vez que o problema é anterior à pandemia de covid-19 e à guerra na Ucrânia. Constitui motivo de preocupação, tendo em vista a necessidade absoluta em cumprir as metas estipuladas na Estratégia Nacional de Combate à Pobreza, designadamente ao prever retirar 660 mil pessoas desta condição. A meta é descer a pobreza para 8% até 2040.

Idosos, jovens e crianças são os grupos etários mais vulneráveis ao risco de pobreza. Mas, em Saúde Pública, o desafio principal é assegurar igualdade no acesso a toda a população, sem discriminação dos respetivos rendimentos familiares, desde o bloco de partos, à nascença, até aos cuidados paliativos, no final da vida.[343]

Neste sentido, a intervenção do Estado é imprescindível. Muitos especialistas em Saúde Pública insistem que os subsídios e abonos concedidos por qualquer entidade, quer do sector público (Segurança Social ou ao nível de autarquias locais), quer social ou privado, devem ser concentrados, preferencialmente, nas famílias de baixo rendimento com crianças. Só assim, no futuro, é possível reduzir o *gap* gerado pela estratificação social (gradiente social).

[343] A igualdade no acesso é, justamente, considerada um princípio básico em democracia, tal como Clístenes a descreve desde o século VI a. C., na Antiguidade grega, ao proporcionar a cada cidadão o acesso à Administração sem qualquer desigualdade. Isto é, a necessidade de garantir a mesma oportunidade a cada membro da comunidade.

Como desafio principal, a meta de iniquidade zero tem de ocupar posição de prioridade nas agendas públicas.

Questão distinta, se bem que apresente relações com a pobreza, é o problema das pessoas em situação de sem-abrigo. Em Portugal continental, estima-se que são cerca de 10 mil pessoas que vivem nestas condições, das quais quase metade na área da Grande Lisboa, devido a várias causas como: desemprego, alcoolismo e toxicodependências, em particular. A eliminação deste fenómeno constitui um desafio social que não pode ser subestimado.[344]

ANTECIPAR, PREPARAR E CONSTRUIR O FUTURO

Cátia Sousa Pinto, Sérgio Diniz, Gonçalo Sousa Lourenço e *Francisco George*

O futuro, para proteger a saúde das novas gerações, impõe, antes de mais, o desenvolvimento interdisciplinar da Saúde Pública, quer ao nível do Estado quer de outros sectores, incluindo a sociedade civil. Pressupõe uma agenda ambiciosa, fundamentada em novos conhecimentos científicos e tecnologias inovadoras, que assentam nos progressos evolutivos, tanto da medicina preventiva e da medicina baseada na comprovação científica,[345]como da medicina preditiva e, ainda, da medicina de translação.[346] Progressos traduzidos pela modernização permanente da produção farmacêutica e, também, em resultado de métodos fundamentados em informações genómicas (medicina preditiva), bem como na utilização de Inteligência Artificial (IA).[347]

Naturalmente, este contexto contempla a organização e gestão do Sistema de Saúde, que tem como núcleo central o SNS, como componente financiada pelo Orçamento do Estado, nos termos constitucionais.[348]

[344] Dados ENIPSSA (Estratégia Nacional para a Integração de Pessoas em Situação de Sem-Abrigo 2017–2023).

[345] Comummente designada por «baseada na evidência» a partir da inexatidão da tradução da expressão inglesa *evidence-based.*

[346] Designação dada à metodologia baseada na articulação da investigação de ciências básicas e o exercício da clínica, atendendo ao ambiente social.

[347] A título de exemplo, admite-se que o VIH/SIDA venha a estar controlado pelas novas substâncias ativas, a médio prazo.

[348] Sublinha-se que o financiamento público do SNS tem crescido nos últimos cinco anos: para 2018 é 9 mil milhões de euros e para 2023 eleva-se a 15 mil milhões.

A monitorização remota de marcadores possibilita tratar doentes com condições crónicas fora dos hospitais.

Neste processo, para a utilização de Inteligência Artificial, é indispensável atender: à criação de um repositório centralizado de dados administrativos para fornecer orientações sobre partilha de dados na comunidade científica — *National Data Infrastructure*;[349] ao estabelecimento de instalações de supercomputação e computação quântica em linha com o plano «*Advanced Computing Portugal 2030*», que define os objetivos da computação de alto desempenho; a potenciar a aplicação de metodologias de IA aos vários domínios estratégicos nacionais com base no supercomputador *Vision*[350], que permite desenvolver técnicas de *machine learning* e *deep learning*, otimizadas no quadro da Rede Nacional de Computação Avançada; à criação de infraestruturas para pilotagem e testes para tecnologias de IA e robótica; ao «*Data Center Hyperscaler Sines 4.0*» e o cabo submarino *EllaLink*[351], que vão contribuir para fomentar a interoperabilidade e conectividade entre a Europa e a América Latina.

A aplicação de Inteligência Artificial para o benefício do bem-comum e da Saúde Pública, em particular, exige, ainda, a consideração de fatores específicos da saúde e a observação de princípios de ética: não-discriminação, centralidade no cidadão e de ecorresponsabilidade.

A antecipação de riscos associados a decisões apoiadas por sistemas com diferentes tipos de autonomia só pode ser conseguida com laboratórios reais para demonstração de valor quanto à sua robustez técnica, mas, também, adequação social.

Importa que este desafio seja considerado pelos governantes como um domínio de direito próprio, quer na política quer no planeamento, na perspetiva da preparação do ecossistema apropriado para incorporar a Inteligência Artificial no Serviço Nacional de Saúde.

Neste «novo mundo» são as unidades de Saúde Pública do Serviço Nacional de Saúde, particularmente os médicos especialistas em Saúde Pública, a participarem no processo de monitorização remota de marcadores digitais referentes a pessoas aparentemente saudáveis ou de doentes, no âmbito das ações de prevenção secundária que desenvolvem.

[349] À semelhança da Política de Dados Abertos da Fundação para a Ciência e Tecnologia.

[350] Em 2020, instalado na Universidade de Évora.

[351] Inaugurado em 2021.

Erros antropogénicos, como os cometidos no passado recente, a partir de 1850, não podem voltar a acontecer.[352]

Para assegurar o futuro, é agora que interessa fazer certo. Sublinhe-se: agora. As políticas, as medidas tomadas por cada sector, devem, previamente, equacionar a eventualidade de serem geradoras de riscos para o futuro, mesmo que beneficiem o presente.

Para tal, há que observar, antes de tudo, como princípio maior: nada fazer, hoje, se prejudicar a saúde de quem vem a seguir.

Só assim aqueles que irão nascer a partir de 2023 poderão ter uma vida prolongada, com qualidade e saúde.

É uma questão de herança que os de hoje deixam aos de amanhã. Legado que depende, sobretudo, das opções tomadas pelos cidadãos e pelos governantes que os representam.[353]

Por outro lado, há que agir a pensar global, a todos os níveis. Os países pobres contam, tanto no que respeita à compensação de medidas de adaptação da redução do carbono, como no processo de imunização da população, para esta ou aquela pandemia.

À semelhança dos gases poluentes que fazem efeito em todo o planeta, também um foco de doença transmissível, em aldeia remota de qualquer país, pode assumir características pandémicas.

Por isso, há que agir a pensar no planeta Terra. Só há um.

[352] Como, por exemplo, as indústrias poluentes que estão na origem do aquecimento global ou a produção descontrolada de poluentes químicos, ou, ainda, a urbanização sem regras, mas também os conflitos devastadores como a I Guerra Mundial 1914–1918, Espanha 1936–1939, a II Mundial 1939–45 (com duas bombas atómicas), Coreia, Palestina, Vietname, África, Balcãs, Iraque, Síria, Líbia, Afeganistão ou Rússia-Ucrânia.

[353] Naturalmente, a herança a transmitir aos filhos e netos dos cidadãos de hoje não pode prejudicar a situação ambiental no futuro.

REFERÊNCIAS BIBLIOGRÁFICAS

Almeida, Maria Antónia Pires. «As Epidemias nas Notícias em Portugal: Cólera, Peste, Tifo, Gripe e Varíola, 1854–1918». História, Ciência, Saúde — Manguinhos, Rio de Janeiro, v. 21, n. 2, abril-junho, p. 687–708.

Altieri E., Grove J., Davies OL., *et al.* «Harnessing the power of behavioural science to improve health». Bull World Health Organ. 2021; 99(11): 754–754A. doi:10.2471/BLT.21.287375.

Alves, Manuel Valente. História da Medicina em Portugal: Origens, Ligações e Contextos. Porto: Porto Editora, 2014.

Alves, Manuel Valente. Imagens Médicas. Fragmentos de uma História. Porto: Porto Editora, 2001.

Amaral, Isabel. «A Medicina Tropical (1902–1935)». Em Veloso, A. J. Barros. Médicos e Sociedade. Lisboa: By The Book, 2017.

Amendoeira, J. Entre Preparar Enfermeiros e Educar em Enfermagem: 1950–2003. Um Contributo Sócio-Histórico. Lisboa: 2004.

Antunes, João Lobo. A Nova Medicina. Lisboa: Fundação Francisco Manuel dos Santos, 2012.

Antunes, M. L.; Fonseca Antunes, A. «The tuberculosis situation in Portugal: a historical perspective to 1994». Euro Surveill. 1996, março; 1(3): 19–21.

Antunes, M. L.; Aleixo Dias, J.; Antunes, A. F.; Pereira, M. F.; Raymundo, E.; Rodrigues, M. F. «Anti-tuberculosis drug resistance in Portugal». Int J Tuberc Lung Dis. 2000, março; 4(3): 223–31.

Arnaut, António, e Mário Mendes, e Miller Guerra. Serviço Nacional de Saúde. Lisboa: Perspectivas & Realidades, 1979.

Associação dos Médicos Portugueses. Congresso dos Médicos Municipaes: Relatórios, Communicações e Actas do Congresso. Lisboa, 1911.

Associação Portuguesa dos Médicos de Clínica Geral (APMCG). Da Memória. Lisboa: MVAinventlivros, APMCG, 2003.

Batista, A. D., A. Rodrigues, D., Figueiras, A., Zapata-Cachafeiro, M., Roque, F., & Herdeiro, M. T. (2020). Antibiotic dispensation without a prescription worldwide: a systematic review. Antibiotics, 9(11), 786.

Borges, Juvenália; Cunha, Margarida; Prazeres, Maria das Dores, *et al.* Luís da Câmara Pestana: Uma vida curta, uma obra enorme. Funchal: Empresa Municipal «Funchal 500 Anos», 2008.

Botelho, Dina. Fernando de Pádua: O Homem do Coração. Lisboa: Sete Caminhos, 2005.

Caldas de Almeida J. M. A saúde mental dos portugueses. Lisboa: Fundação Francisco Manuel dos Santos, 2018.

Caldas de Almeida J. M. «Four reflections on the new global mental health priorities». Epidemiol Psychiatr Sci. 2019 novembro, 19; 29 e 75.

Campos, Alexandra. «Portugal é o país da EU que está a envelhecer mais rapidamente». Público, 2022, agosto, 21: 2–3.

Campos, António Correia. Gaveta de Reformas. Lisboa: Caminho, 2022.

Campos, António Correia. Percursos Marcantes na Saúde: Francisco Pulido Valente, Francisco Gonçalves Ferreira, Arnaldo Sampaio, Coriolano Ferreira, Augusto Mantas. Coimbra: Almedina, 2017.

Campos, António Correia. Saúde: o custo de um valor sem preço. Lisboa: Editora Portuguesa de Livros Técnicos e Científicos, 1983.

Campos, António Correia, e Francisco Ramos. «Contas e Ganhos na Saúde em Portugal. Dez Anos de Percurso». Em Desafios para Portugal: Seminários da Presidência da República. Lisboa: Casa das Letras, 2005.

Carvalho, Fernando Dias e José Lopes Dias. Endemia de Bócio: Estudo da Endemia de Bócio no Concelho de Oleiros e Terras Limítrofes (1963–1966). Castelo Branco: RVJ Editores, 2018.

Carvalho, Francisco N. Do Estado Novo à Democracia: Memórias e Reflexões. Lisboa: Gradiva, 2019.

Coelho, Eduardo. O Prof. Ricardo Jorge. Breve Ensaio Crítico. Paris–Lisboa: Livrarias Aillaud & Bertrand, 1929.

Coelho, Eduardo. A Personalidade de Ricardo Jorge através de Algumas Cartas Inéditas. Lisboa: Separata da Revista Clínica, Higiene e Hidrologia, agosto, 1941.

Coelho, Eduardo. Ricardo Jorge. O Médico e o Humanista. Lisboa: Livraria Luso–Espanhola, 1961.

Comissão Democrática Eleitoral de Lisboa (CDE). Programa Político. Lisboa: CDE, 1969.

Comissão Europeia. Resultados do Grupo de Especialistas de Alto Nível em Inteligência Artificial. Bruxelas: 2019.

Commission, E. COMMISSION IMPLEMENTING DECISION (EU) 2015/495 of 20 March 2015 Establishing a Watch List of Substances for Union-Wide Monitoring in the Field of Water Policy Pursuant to Directive 2008/105/EC of the European Parliament and of the Council; European Commission: Bruxelas, Bélgica, 2015; Volume L78/40.

Commission, E. COMMISSION IMPLEMENTING DECISION (EU) 2018/840 of 5 June 2018 Establishing a Watch List of Substances for Union-Wide Monitoring in the Field of Water Policy Pursuant to Directive 2008/105/EC of the European Parliament and of the Council and Repealing Comm; European Commission: Bruxelas, Bélgica, 2018; Volume 61.

Cortes, L. G.; Marinov, D.; Sanseverino, I.; Cuenca, A. N.; Niegowska, M.; Rodriguez, E. P.; Lettieri, T. JRC Technical Report: Selection of Substances for the 3rd Watch List under WFD; Office of the European Union: Luxemburgo, 2020.

Correia, Fernando da Silva. A Vida, A Obra, O Estilo, As Lições e O Prestígio de Ricardo Jorge. Lisboa: Edição do Instituto Superior de Higiene Dr. Ricardo Jorge, 1960.

Crisp, Nigel; Berwick, Donald; Kickbusch, Ilona, *et al.* Um Futuro para a Saúde: Todos temos um papel a desempenhar. Lisboa: Fundação Calouste Gulbenkian, 2014.

Duarte, R.; Lopes, F.; Alves, F., *et al.* COVID-19 em Portugal: a estratégia. Braga: UMinho Editora, 2022.

Duarte, A. C.; Rodrigues, S.; Afonso, A.; Nogueira, A.; Coutinho, P. Antibiotic Resistance in the Drinking Water: Old and New Strategies to Remove Antibiotics, Resistant Bacteria, and Resistance Genes. Pharmaceuticals 2022, 15, 393.

Escola Nacional de Saúde Pública (ENSP). 52 Anos de História. 25 Anos na Nova. Lisboa: ENSP, 2020.

Faria, José Alberto. Administração Sanitária. Lisboa: Imprensa Nacional de Lisboa, 1934.

Ferreira, F. A. Gonçalves. Moderna Saúde Pública. 3 vols. Lisboa: Fundação Calouste Gulbenkian, 2014.

Ferreira, F. A. Gonçalves. Política de Saúde e Serviço Nacional de Saúde em Portugal. Vol. 1. Lisboa: Biblioteca CPC, 1975.

Ferreira, F. A. Gonçalves e M. E. da Silva Graça. Tabela da Composição dos Alimentos Portugueses. Lisboa: Instituto Nacional de Saúde Dr. Ricardo Jorge, 1977.

Ferreira, Ó. M. História da Escola Técnica de Enfermeiras (1940–1968): Aprender para Ensinar e Profissionalizar. Lisboa: 2012. Obtido de https://Repositorio.Ul.Pt./Handle/10451/8681.

George, F.; Shivaji, T.; Pinto, C. S., *et al.* «A Large Outbreak of Legionnaires' Disease in an Industrial Town in Portugal». Revista Portuguesa de Saúde Pública 2016; 34(3): 199–208.

George, Francisco. Prevenir Doenças e Conservar a Saúde. Lisboa: Fundação Francisco Manuel dos Santos, 2019.

George, Francisco e A. J. Barros Veloso. «A Pneumónica». Em Veloso, A. J. Barros. Médicos e Sociedade. Lisboa: By The Book, 2017.

Graça, Luís. «Ricardo Jorge e a modernização da Saúde Pública». Em Veloso, A. J. Barros. Médicos e Sociedade. Lisboa: By The Book, 2017.

Jorge, Ricardo. Contra um Plágio do Prof. Theophilo Braga. Lisboa: Livraria Clássica Editora de A. M. Teixeira, 1917.

Jorge, Ricardo. A Peste Bubónica no Porto. Porto, Deriva Editores, 2010.

Kirubarajan, A., Taher, A., Khan, S., Masood, S., «Artificial Intelligence in emergency medicine: A Scoping review». Journal of the American College of Emergency Physicians, 1 (6), 1691–1702. doi: 10.1002/emp2.12277. 2020.

Maltez, Fernando; Almeida, Ramalho de, eds. História de Doenças Infecciosas. Lisboa: 2014.

Marmot, Michael. «Health in an unequal world». The Lancet 2006; n.º 36: 2081–2094.

Marques, A. H. de Oliveira. A Primeira República Portuguesa: para uma visão estrutural. Lisboa: Livros Horizonte, 1970.

Marques, A. H. de Oliveira. História de Portugal. 2.ª ed., 2 vols. Lisboa: Palas Editores, 1976.

Meirelles, António da Cunha Vieira. Memórias de Epidemiologia Portugueza. Coimbra: Imprensa da Universidade, 1866.

Mello, Maria Mercês e José Barrias e João Breda. Álcool e problemas ligados ao álcool em Portugal. Lisboa, DGS, 2001.

Menino, E., e Conceição Alegre. Estudo dos Determinantes de Saúde. Guia de Observação de uma Comunidade. Coimbra: 2020. Obtido de https://Doi.Org/10.17605/Osf.Io/U9myp.

Michie, S., Atkins, L., West, R. The Behaviour Change Wheel: a Guide to Designing Interventions. London: Silverback Publishing, 2014.

Moniz, Egas. A Vida Sexual. 17.ª ed. Lisboa: Casa Ventura Abrantes, 1932.

Mueller, B., Kinochita, T., Peebles, A., Graber, M., Lee, S. «Artificial Intelligence and Machine Learning in emergency medicine: a narrative review». Acute Medicine & Amp. Surgery, 9 (1). Doi:10.1002/ams2. 740. 2022.

Nunes, Moura J. F. Atlas de Virologia: O Esplendor dos Vírus a Ultra-Estrutura. Lisboa, IPOLFG, 2022.

Pereleman, J.; Chaves, P.; Caldas de Almeida, J. M.; Matias, M. «Reforming the Portuguese mental health system: An incentive-based approach». Int. J. Mental Health Systems, December 2018 International Journal of Mental Health Systems 12(1): 25.

Pereira, José Manuel Morgado. A Psiquiatria em Portugal: Protagonistas e História Conceptual (1884–1924). Coimbra: Universidade de Coimbra, 2015. Edição digital.

Pinheiro, Raphael Bordallo. No Lazareto de Lisboa. Lisboa: Empreza Litteraria Luso-Brazileira — Editora, 1881. NoLazaretodeLisboa.pdf.

Pita, João Rui. História da Farmácia. Coimbra: Ordem dos Farmacêuticos, Secção Regional de Coimbra/Minerva, 1998.

Portugal. Constituição da República Portuguesa. 7.ª Revisão. Lisboa: Assembleia da República, 2006.

Portugal. Instituto Nacional de Saúde Doutor Ricardo Jorge, IP. Inquérito Serológico Nacional 2015–2016 Infeções Sexualmente Transmissíveis. Lisboa: 2017.

Portugal. Instituto Nacional de Saúde Doutor Ricardo Jorge, IP. Inquérito Serológico Nacional 2015–2016 Doenças Evitáveis por Vacinação. Lisboa: 2017.

Portugal. Instituto Nacional de Saúde Doutor Ricardo Jorge. Síndrome da Imunodeficiência Adquirida. Situação em Portugal em 31 de Dezembro de 1985. Doc.2. Lisboa: 1986.

Portugal. Ministério do Comércio e Indústria, Decreto-Lei 24619, de 29 de Outubro de 1934.

Portugal. Ministério do Reino, Legislação Sanitária. Collecção de Documentos Officiaes desde Julho de 1899 a 24 de Dezembro a 1901, Lisboa: Imprensa Nacional, 1904.

Portugal. Ministério da Saúde, Decreto-lei 52/2022, de 4 de agosto.

Portugal. Plano de Ação para a Transição Digital de Portugal. Lisboa: 2020.

Ramos, R. e Vasconcelos Sousa, B. e Monteiro, N. G. História de Portugal. 3.ª ed. Lisboa: A Esfera dos Livros, 2010.

Public Health England. Improving people's health: Applying behavioural and social sciences to improve population health and wellbeing in England. Londres: Public Health England, 2018.

Quental, Antero de. Causas da Decadência dos Povos Peninsulares nos Três Últimos Séculos. Lisboa: Edições Tinta da China, 2008.

Rosado, A., Brilhante, E., Fernandes, S., e Lourenço, T. «Pontos Relevantes do Percurso da Enfermagem na Década de 70». Sob O Signo do Olhar: Re-Ver, Ver e Pre-Ver (ISSN 1646-5067): 2007.

Sakellarides, Constantino. De Alma a Harry: Crónica da Democratização da Saúde. 2.ª ed. Coimbra: Almedina, 2006.

Sakellarides, C. e Valente Alves, M. Lisboa, Saúde e Inovação: Do Renascimento aos Dias de Hoje. Lisboa: Gradiva, 2008.

Sampaio, A.; Caeiro, F. M. «A Epidemia de Gripe "Asiática" em Portugal». Boletim dos Serviços de Saúde Pública. Vol. V; n.º 3, 267–360. Lisboa: DGS, 1958.

Sampaio, A.; Caeiro, F. M. «Contribuição para o Estudo da Epidemiologia da Gripe através de um Inquérito por Amostra Representativa da População da Cidade de Lisboa». Boletim dos Serviços de Saúde Pública. Vol. 5; n.º 4, 383–491. Lisboa: DGS, 1958.

Sampaio, Jorge. A Bridge Builder at the United Nations: A Tribute. Nova Iorque: 2011.

Santos, Filipe Duarte. Alterações Climáticas. Lisboa: Fundação Francisco Manuel dos Santos, 2021.

Serén, Maria do Carmo. «Porto, 1899: A Peste». Em Alves, M. V. Imagens Médicas: Fragmentos de uma História. Porto: Porto Editora, 2001.

Serrão, Joel. Cronologia Geral da História de Portugal. Lisboa: Iniciativas Editoriais, 1971.

Simões, Jorge. Retrato Político da Saúde: Dependência do Percurso e Inovação em Saúde da Ideologia ao Desempenho. Coimbra: Almedina, 2004.

Simões, Jorge; Augusto, G.F.; Fronteira, I., *et al.* Portugal Health System Review. Health System in Transition, 2017; 19(2): 1–184.

Snow, John, On the mode of Communication of Cholera, London, John Churchill, Princes Street, Soho, MDCCCXLIX.

Sobral, Paula. O Oceano de Plástico. Lisboa: Fundação Francisco Manuel dos Santos, 2022.

Varela, Raquel. Uma Revolução na Saúde: História do Serviço Médico à Periferia, 1974–1982. Lisboa: Edições Húmus, 2020.

Virchow, Rudolf. «Report on the Typhus Epidemic in Upper Silesia». Classics in Social Medicine 2006; n.º 1, vol. 1, pp. 11–27 e 28–82.

Wittgenstein, Ludwig. Conferência sobre Ética. Lisboa: Fundação Calouste Gulbenkian, 2017.

World Health Organization (WHO). World health report: transforming mental health for all. Geneva: WHO, 2022.

World Health Organization (WHO). Behavioural Sciences for Better Health. Geneva: 2022. Accessible at: https://www.who.int/initiatives/behavioural-sciences.

World Health Organization (WHO). The Ottawa Charter for Health Promotion. Ottawa: WHO, 1986.

World Health Organization (WHO) and United Nations Children's Fund (UNICEF). Primary Health Care. Geneva, Nova Iorque, 1978.

Zeng, D., Cao, Z., Neil, D. B. «Artificial Intelligence-enable public health surveillance — from local detection to global epidemic monitoring and Control». Artificial Intelligence in Medicine, 437–453. 2021.